趣言中国古代兵法文库

主编——王珏

趣言

《吴子兵法》

赵英　杨娜娜——著

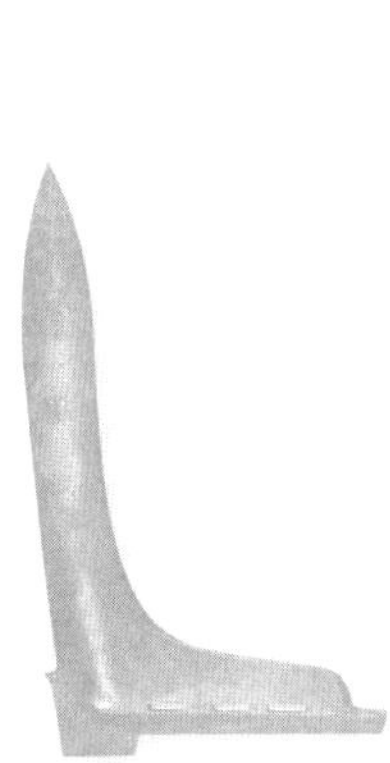

黑龙江人民出版社

图书在版编目(CIP)数据

趣言《吴子兵法》/ 赵英，杨娜娜著. — 哈尔滨 ：
黑龙江人民出版社，2021.9
（趣言中国古代兵法文库 / 王珏主编）
ISBN 978-7-207-12571-2

Ⅰ. ①趣…　Ⅱ. ①赵…②杨…　Ⅲ. ①《吴子兵法》—通俗读物　Ⅳ. ①E892.31-49

中国版本图书馆 CIP 数据核字(2021)第 199205 号

责任编辑：孙国志　崔　冉
责任校对：秋云平
封面设计：张　涛

趣言《吴子兵法》
QUYAN WUZIBINGFA
赵　英　杨娜娜　著

出版发行　黑龙江人民出版社
地　　址　哈尔滨市南岗区宣庆小区 1 号楼
网　　址　www.hljrmcbs.com
印　　刷　哈尔滨久利印刷有限公司
开　　本　787×1092　1/16
印　　张　8.25
字　　数　100 千字
版　　次　2021 年 9 月第 1 版
印　　次　2021 年 9 月第 1 次印刷
书　　号　ISBN 978-7-207-12571-2
定　　价　23.80 元

前　言

吴起，姜姓，吴氏，名起，卫国左氏（今山东曹县）人。战国初期著名的军事家、政治家、改革家，兵家代表人物。一生历仕鲁、魏、楚三国，在政治、军事方面都功勋卓著、成就非凡。著有兵书《吴子》，与兵圣孙武并称“孙吴”。《吴子》通常称作《吴子兵法》，“武经七书”之一。《趣言〈吴子兵法〉》分上、下两编，上编为“品读兵典”，侧重于对兵法原旨的阐释与解读，以便读者对《吴子兵法》的基本精神和兵学体系有一个全面系统的了解和掌握；下编为“谋略运用”，主要是以吴起指挥的经典战例作为载体，深入分析《吴子兵法》在攻齐、击秦、南平百越、北并陈蔡等战争中的具体应用，使兵法在生动的战例中成为鲜活的存在，以助益读者领会兵学智慧的独特魅力。创作过程中坚持“言从史出”，既做到言之有据，旁征博引，又纵横千年，贯通古今，复原历史真相，探究军事规律，寻觅兵学智慧。愿《趣言〈吴子兵法〉》能够以深入浅出、雅俗共赏的方式弘扬兵学文化，为您揭开兵学经典的神秘面纱。

目　录

上编　品读兵典

下编　谋略运用

上编

品读兵典

直指君心：吴起见魏文侯

《吴子·图国》开篇记述了吴起以“兵机”见魏文侯的经过，读来颇值得玩味。话说“吴起儒服，以兵机见魏文侯”，吴起为何要穿着儒生的衣服呢？一方面，吴起曾经是曾参、子夏的弟子，孔门学徒，而且魏文侯与子夏交好，对儒家之学比较青睐，吴起穿着儒生的衣服可以博得魏文侯的好感；另一方面，“儒服”与“兵机”，二者也正好与吴起“内修文德，外治武备”的主张相一致，可见吴起为了此次觐见是做足了功课的。

然而，魏文侯一开口就给了吴起一个下马威：“寡人不好军旅之事。”意思是寡人对军旅之事没有兴趣。无论魏文侯此话出自真心与否，吴起都有种强烈的要被“送客出门”的感觉，这话要接不好，还谈什么建功立业，连谋个差事混口饭吃都费劲了。对于魏文侯这种假装清高的“主君”，吴起选择了最直截了当的方式：“臣以见占隐，以往察来，主君何言与心违？”意思是我从您表露出来的现象推测您的意图，从您过去的所作所为观察您的抱负，都已经看得明明白白，主君何必这么口是心非呢？接下来就开始举例，滔滔不绝地把自己观察到的情况都罗列出来：您一年到头地捕杀动物获取毛皮，在皮革上涂上红色的漆，绘上色彩，并在上面烫上犀牛和大象的图案。如果您说这些皮毛是用来做衣服的话，冬天穿着它不暖和，夏天穿着它不凉快。魏国制造的长戟长达二丈四尺，短戟也有一丈二尺。用皮革将重车包裹起来，连车轮和车毂都覆盖了，这看起来也不华丽，跑起来也不轻便，不知道您准备这些东西是要做什么呢？

揭穿了魏文侯故作姿态的“矜持”之后，吴起开始循循善诱地引入自己的“兵机”。吴起对魏文侯说：“你准备好这些东西，但是如果没有会使用的人，就如同让孵雏的老母鸡与狐狸搏斗，让正在吃奶的小狗去进犯老虎，虽然有拼死一战的决心，但是力不从心，必然是自取灭亡。”然后，吴起又以史为鉴，举了承桑氏之君、有扈氏之君两个史例劝诫魏文侯，英明的君主应该以此为鉴，对内修明文德，对外加强战备。最后，吴起还不忘留下悬念：面对敌人不敢冲锋陷阵、奋勇作战，这不是义；看着阵亡将士的尸体悲痛不已，这算不了仁。

面对魏文侯这样的“君”，吴起的应对之策可圈可点，既有心理攻势，又有调查研究，还有史例佐证，从而成功征服了魏文侯的“君心”。于是魏文侯亲自设席，由其夫人捧着美酒，在庙堂之上宴请吴起，并任命他为大将军，负责主持西河的防务，应对强秦越来越频繁的挑战。

读罢吴起见魏文侯的事例，让人不禁联想起历史上另外三对君臣的觐见故事，读来也是精彩纷呈，颇有看点。

第一个是“商鞅见秦孝公”。商鞅，姬姓，公孙氏，名鞅，卫国人。商鞅从小就对刑名之学十分感兴趣，在魏国的时候是魏相公叔痤的门人，后公叔痤病重，将其举荐给魏惠王，惠王不能用。后听闻秦孝公发布“求贤令”，商鞅西入秦国，通过秦孝公的宠臣景监求见秦孝公。商鞅是胸怀远大抱负之人，为了验证秦孝公是不是自己值得辅助的明君，采用了“欲擒故纵”的策略，先后三次觐见。第一次见到秦孝公的时候，商鞅高谈阔论尧舜的治国之道，并美其名曰“帝道”，让秦孝公效法“三皇五帝”大行“仁治”，这与秦孝公的想法背道而驰，在当时礼崩乐坏的大背景下，“帝道”早就没有用武之地了。因此，秦孝公听得昏昏欲睡，根本就没有听进去。碍于“求贤”之名，也不好对商鞅不客气，只能在事后将其举荐人景监一顿臭骂：你举荐的门客是一个满口仁义道德的空谈家，这样的人能用吗？景监被秦孝公训斥，十分生气，就埋怨商鞅。商鞅倒是一副理直气壮的样子，说：“我劝说君上以帝道治理国家，是君上没有开悟而已。”过了五天，商鞅又求见秦孝公，这次谈的是商汤、文王等人的治国之道，美其名曰“王道”，结果又是不受待见。觐见完毕，不出所料，景监又被孝公训斥了。经过两番试探之后，商鞅明白了秦孝公想听的治国之道。于是又死缠烂打地让景监最后再引荐一次，此次肯定能得到秦孝公认可。景监无奈，只好又劝说孝公再接见商鞅一次。此次觐见，商鞅将自己酝酿已久的“霸道”之学详细介绍给秦孝公听，孝公大悦，与其欢谈数日都没有觉得疲倦。之后，秦孝公任命商鞅为左庶长，在秦国变法，施行新政。经过数年励精图治，秦国国力大增，商鞅被任命为大良造，率兵伐魏，尽破魏军，魏国派遣使者割让河西之地向秦国求和，为了躲避秦国咄咄逼人的东出锋芒，魏国将国都从安邑迁到了大梁。商鞅破魏而还，秦孝公封给商鞅於、商十五邑，号为商君。

秦孝公既有“求贤”之名，又有“求贤”之实，因此能够在屡屡失望之后还能第三次接见商鞅。商鞅胸怀大才，只愿辅佐明君，因此屡屡试探，欲擒故纵、欲扬先抑，最终确定秦孝公与自己的政见契合，便用自己毕生心血辅佐秦孝公变法图强，君臣二人同心协力、励精图治，共同上演了一段历史佳话，为秦国的统一天下奠定了坚实基础。

第二个是“孙武见吴王阖闾”，也就是著名的“吴宫教战”的故事。孙武本来是春秋末期齐国乐安（今山东省北部）人，因齐国内乱而跑到了吴国，在穹窿山隐居潜心钻研兵法，著成兵法十三篇。后经伍子胥多次举荐，吴王阖闾虽然答应见孙武一面，但是内心其实并不以为然。这就为后来故事的发展埋下了伏笔。

孙武带着自己所著的兵法十三篇，也就是后来的《孙子兵法》去见吴王，吴王说：“你的兵法我都看过了，不知道你能不能小试牛刀，将其用于军事实践呢?”孙武回答：“当然可以。”吴王想故意为难一下他，便说：“可以在妇人身上试试吗?”孙武说：“可以。”面对吴王的刁难，想必孙武当时的心情是十分复杂的。于是吴王将自己宫中的美女全都唤了出来，大约有一百八十人，将其交给了孙武操练。孙武将这些妇人分成两队，并以吴王最为宠爱的两位爱姬作为队长，让她们全都手持长戟站立。孙武对她们发布命令说："你们知道你们的心口、左手、右手和后背的方向吗?"妇人答："知道。"孙武说："我让你们向前，你们就朝着心口方向前进，让你们向左，你们就朝着左手方向前进，让你们向右，你们就朝着右手方向前进，让你们向后，你们就朝着后背的方向前进。"妇人答："遵命。"宣布完应遵从的规矩之后，孙武在演兵场树立起斧钺，又将号令重复了三五遍。于是，孙武用鼓声指挥妇人们向右，妇人们大笑，就是不遵从号令。孙武说："没有让部众明白应当遵从的规定，没有让部众熟悉发布的命令，这是将帅的过错。"于是又三令五申了之前的号令，并用鼓声指挥妇人们向左前进。妇人们又开始大笑，还是不遵从号令。孙武说："没有让部众明白应当遵从的规定，没有让部众熟悉发布的命令，这些是将帅的过错。如果已经申明法令，但是士卒却不遵从，那么就是士卒的过错了。"于是下令要将左右两队的队长斩首。吴王在观台上欣赏孙武的演练，发现孙武要将自己的爱姬斩首，大为惊骇，赶紧派使者对孙武传达诏令说："寡人已经知道将军确实善于用兵。寡人十分宠爱这两位爱姬，如果没有了她们，吃饭都寡淡无味，希望将军不要将她们斩首。"孙武严词拒绝说："臣既然已经接受诏命担任将军，在军营之中，国君的命令是可以不接受的。"于是，将左右两位队长斩首示众。然后，任命地位在其下的两位妃子担任队长，重新用鼓声指挥队伍。有了两位吴王爱姬被斩首的前车之鉴，妇人队向前、向后、向左、向后、跪拜、起立全都符合军规，没有一个人敢发出不同的声音。于是，孙武派遣使者向吴王报告："妇人队经过训练，已经做到了行止整齐，国君可以下台来观赏，随便国君要用她们来做什么，即使是赴汤蹈火，她们也是可以做到的。"吴王无奈地说："将军把队伍解散了回馆舍休息吧，寡人不愿意下台去观看了。"孙武见状，对吴王说："王上只是欣赏我所著兵法的内容，但是却不能让我将其运用于实战。"

吴王阖闾亦是胸怀远大抱负之人，从悲痛中缓过劲之后，明白孙武确实是善于用兵打仗的将领，于是就任命孙武为将军。吴国在孙武的辅佐下，军力强盛，向西不断攻打强大的楚国，并攻入了楚国都城郢都，向北树立威信于齐、晋，威名远扬于各个诸侯国，这些都与孙武的辅助是密不可分的。

第三个是"范雎见秦昭王"。范雎，字叔，魏国芮城（今山西芮城）人。范雎原本是魏国中大夫须贾的门客，后被诬陷以通齐卖魏的罪名，差点送了性命，后来在郑安平的帮助下，改名为"张禄"，跟随秦国的使者王稽潜入秦国。范雎誓言复仇，想方设法接近秦昭王，但一开始却并不受待见，住在馆舍，粗茶淡饭地过了一年多清闲时光。范雎在这一年多的时间里，一边了解秦国的政局，一边寻找机会。当时秦国宣太后权势甚重，其弟穰侯魏冉、华阳君也是炙手可热的权贵，范雎看透了秦昭王心中的隐衷，便上书给秦昭王，请求见他一面，谈论一些至为神秘的进言。秦昭王于是派人接范雎进宫。范雎深谙秦昭王当时大权旁落的处境，采用激将之法，在前往离宫的道路上，恰巧遇到秦昭王出来，范雎假装不认识秦昭王，故意对宦官说："秦国哪里有王，秦国只有太后和穰侯罢了。"

吓得宦官跪地不起，但是范雎却成功地引起了秦昭王的注意。秦昭王果然过来迎接范雎，并解释说自己之所以没有早点接见范雎，是因为一直在忙义渠的事情，现在事情已经圆满结束。秦王谦虚地说自己并不聪明，愿意以主宾之礼向范雎请教。范雎推辞了一番。当日看见范雎觐见经过的大臣们，全都对范雎肃然起敬。秦昭王屏退左右之人，谦逊地向范雎行礼，请范雎教以治国之道。范雎知道秦王已经对自己十分感兴趣，故作姿态地推辞了三次，直到秦昭王说："先生终究还是不想赐教于我？"见火候已到，吊足了秦王胃口，范雎便慷慨激昂地谈古论今，并强调自己今天将这些话说给秦王听，明天就算血溅刑场也在所不惜，弄得秦昭王心潮澎湃。范雎告诉秦昭王："大王在上畏惧宣太后之威严，在下被奸臣所惑，整天幽居于深宫之中，离不开左右近臣的把持，迷惑不清，却没有人为大王辨明奸邪。这样下去，往大里说，会导致国家倾覆，往小里说，会危及王上安危，这正是我最为担忧的。至于说自己的生死存亡，从来没有放到心上，如果自己的死能换来秦国的大治，这比自己活着更有价值。"范雎的一番话，一针见血，鞭辟入里，直插秦昭王心中最深、最隐秘的角落。秦昭王成功被范雎征服，对范雎保证说："从今以后，上至太后，下到大臣，所有的问题都希望先生毫无保留地给我以指教，不要再怀疑我了。"

从以上几则故事我们可以看出，作为一名新晋臣子，能在初见高高在上的国君的时候就赢得"君心"至关重要。面对不同的君主，需要采取不同的策略，既有吴起的单刀直入、循循善诱，孙武的严明法纪、以威立信，又有范雎的步步为营、精心设计，每个人都有不同的选择，但都成功地受到了君主的赏识，实现了自己的远大抱负。然而，与此同时，这些策略的选择也透露出这些文臣武将个人的一些不足。吴起过于直率，不懂得圆滑变通之术，最终导致其被排挤，出逃楚国，身死他乡。孙武过于刚正，在其好友伍子胥被吴王杀害之后，也愤然隐退。范雎迷恋权谋之术，睚眦必报，冤杀武安君白起，自己所荐之人郑安平兵败降赵，其于忧惧之中辞归封地，不久病死。

先教百姓而亲万民：吴起的“民本”之策

吴起在赢得魏文侯的信任之后，为其策划的第一个国策就是坚持“民本”之策。吴起说：“昔之图国家者，必先教百姓而亲万民。”意思是以前谋求国家富强的君主，必定先教化百姓、亲和万民。在吴起看来，只有让百姓知道国君十分爱惜他们的性命，不想让他们战死沙场，将来在国家遇有危难的时候，士卒才会以为国捐躯、战死沙场为荣，以苟且偷生、败退逃亡为辱。

关于教化百姓的具体方法，吴起认为主要是“礼”“义”，百姓明白了“礼义”之道，就会有羞耻之心，往大里说可以作战，往小里说足以防守。当魏武侯向吴起询问战胜之道时，吴起直截了当地说：“百姓皆是吾君而非邻国，则战已胜矣。”意为如果本国的百姓都对自己的国君交口称赞，而对邻国的国君颇有怨言，那么作战胜利的主导权就已经牢牢地掌握在我们的手中了。吴起的“必先教百姓而亲万民”的“民本”之策为魏国的强大奠定了坚实的基础，在先秦兵家中具有典型代表意义，与春秋战国时期的其他著名政治家、军事家的思想主张颇有相通之处。

春秋战国时期，天下礼崩乐坏，各个诸侯国互相征伐，战乱不已，生灵涂炭，百姓苦不堪言。当时最为著名的两位霸主——齐桓公和晋文公的称霸却始终被后人津津乐道。齐桓公、晋文公史称“齐桓、晋文”，所谓的称霸其实是称“伯”。霸，政之名，谐音“伯”，音转为霸，“伯”意为“诸侯之长”。齐桓公、晋文公之所以能够成为“诸侯之长”，其中一个很重要的原因就是施行仁政，坚持“民本”之策。

齐桓公，姜姓，齐氏，名小白。齐僖公第三子，母为卫姬。齐国内乱时，公子小白在鲍叔牙的保护下，逃到莒国避难。在齐襄公和公孙无知相继死去之后，公子小白抓住机会，抢先回到齐国，成功即位，成为姜姓齐国第十六位国君，是为齐桓公。齐桓公担任齐国国君期间，任命管仲为相，励精图治，增强国力。为了赢得民心，齐桓公在管仲的辅佐下，采取了“相地而衰征”的土地税收政策，也就是根据土地的肥沃贫瘠情况来确定征收税赋的额度，很好地减轻了百姓的赋税负担，极大地调动了百姓的生产积极性。与此同时，齐桓公利用齐国的“鱼盐之利”优势，大力提倡发展工商业、渔业、盐业，积财通货，使得齐国的经济日益繁荣。与此同时，齐桓公在齐国设立“轻重九府”，观察百姓每年收成的丰歉情况，通过官府来平抑物价，尤其是衡山之谋、阴里之谋和菁茅之谋，堪称古代货币战争的经典案例，对稳定百姓生活秩序发挥了重要作用。管仲坦言：仓廪实而知礼节，衣食足而知荣辱。经过管仲一系列富国强兵的改革举措，齐国国力迅速强盛起来。于是，齐桓公打出“尊王攘夷”的旗号，九合诸侯，确立盟主地位。与此同时，齐桓公帮助宋国平定内乱，北击山戎，南伐楚国，并灭掉了谭、遂、鄣等小国，成为名副其实的“春秋五霸”之首。

晋文公，姬姓，晋氏，名重耳。晋献公之子，母亲为狐姬。晋献公二十二年（前655年），晋国发生“骊姬之乱”，公子重耳逃出晋国，在外流亡长达十九年。公元前636年，公子重耳在秦国的护送下归国即位，是为晋文公，春秋时期晋国的第二十二任君主。晋文公是一名贤明的国君，采取了一系列有益于百姓安居乐业的政策。他减免百姓的赋税，废除一些不合理的禁令，不断地向百姓施行恩惠，将获得的财物分给缺少财物的百姓，并下令救济穷困潦倒的百姓。为了发展生产，恢复经济，晋文公下令修理道路，便于往来通商，并为商人减轻关税，降低他们的负担，调动他们的积极性。晋文公深知农耕乃立国之本，号召百姓发挥创造性，积极改进生产工具，对垦荒的百姓进行奖励。经过晋文公的精心治理，晋国国力大增。对外联合秦国和齐国伐曹攻卫、救宋服郑，平定周室子带之乱，又在城濮之战中大败楚军，阻止了楚国北上称霸的野心。之后，晋文公召集齐、宋等国于践土会盟，正式确立了“春秋五霸”之一的地位，开启了晋国长达百年的霸业历史。

当然，先秦历史上也不乏暴虐国君，最出名的要数夏桀、商纣两位亡国之君。桀，姒姓，夏后氏，又名癸。父姒发死后，桀即位，史称夏桀。当时夏朝内部政治混乱，外患频繁，民不聊生，危机四伏。夏桀为了重振夏朝雄风，四处征伐。当时的施国为了讨好夏桀，从国中选出美女妺喜送给夏桀作为请降的礼物。妺喜面容姣好，身材婀娜多姿，夏桀一见倾心，深为宠爱。拥有了妺喜的夏桀不再关心国事，而是每天沉迷于声色犬马之中难以自拔。为了供自己和妺喜享乐，夏桀大兴土木，强迫百姓服徭役，建造华丽的宫殿，极尽奢华之能事。为了满足自己骄奢淫逸的生活，夏桀对百姓横征暴敛，不断地压榨百姓。一些正直的大臣，如太史令终古、关龙逄等先后向夏桀进谏，但都没有被采纳。太史令终古哭着向夏桀进谏说："从古至今，帝王都是以勤俭立身，爱惜百姓的力量，这样才能得到百姓的拥戴。不能将百姓辛苦劳作的成果供国君一个人享乐，这样骄奢淫逸，最终只会导致国破家亡。"夏桀听得很不耐烦，将终古斥责了一顿，让他别多管闲事。终古眼见夏桀无可救药，便投奔了商汤。

与关龙逄相比，终古的结果还算是好的。关龙逄屡屡向夏桀忠言进谏，声泪俱下地劝谏夏桀说："只有天子谦逊恭敬、讲究诚信，生活节俭、爱护贤才，天下才能安定无事，王位才能稳固不坠。现在陛下骄奢淫逸，毫无节制，而且嗜杀成性，导致百姓怨声载道，都盼着国家早日灭亡。陛下已经失去了民心，如果还不赶紧醒悟，立即改正过错，恐怕将来后悔都来不及。"然而，关龙逄的逆耳忠言却给自己招来了杀身之祸，暴跳如雷的夏桀下令将关龙逄处死。可怜一个忠心耿耿的大臣就这样成了暴君刀下的亡魂。刚愎自用的夏桀沉迷于奢靡的生活而不自知，大言不惭地将自己比作天上的太阳，认为自己的恩泽惠及天下，百姓肯定会拥戴自己。百姓们听说后，都咬牙切齿地诅咒道：“时日曷丧，吾及汝偕亡。”意为即使你是天上的太阳，我都宁愿与你同归于尽。可见夏桀的暴虐统治是如此不得民心，夏王朝最后被商汤推翻也就成为一种历史的必然。

商纣，即帝辛，子姓。帝辛是帝乙少子，帝乙逝世后，帝辛即位，天下都称之为“纣”，商朝末代君主。商纣是与夏桀并称“桀纣”的典型暴君。商纣嗜好喝酒，耽于淫乐，尤其是获得妲己之后，对其宠爱有加，言听计从。为了享乐，商纣命令乐师专门谱写新的通俗音乐，每天沉迷于歌舞声色之中，宫中充斥着靡靡之音。为了满足自己骄奢淫逸的生活，商纣大力压榨百姓，给百姓加重赋税，直到鹿台的钱库堆满了钱财，钜桥粮仓的粮食满满当当。商纣对此并不满足，派人到处搜集稀奇珍贵之物，直到宫室都装不下了。他又下令征调百姓扩建沙丘的园林楼台，从全国各地捕捉飞禽走兽，将其放置在园中。商纣王以酒为池，悬肉为林，彻夜狂欢不已，生活奢靡、荒淫无度。商纣的暴虐引起了百姓的怨愤，一些诸侯也起来反叛。为了镇压反对之人，商纣发明了炮烙之刑，即堆炭架烧铜柱，令人行走于其上，以致落火被焚身亡。商纣的暴虐统治导致其众叛亲离，王族重臣比干被杀，箕子被囚，微子出奔。周武王趁机出师讨伐商朝，在牧野之战中，商纣王的部分军队临阵倒戈，被周武王的军队一举打败。商纣王逃到鹿台，自焚而死。周武王将其头颅斩下，挂在白旗杆上示众。可怜一代帝王落得个死无全尸的下场。

吴起在《图国》中言：“故成汤讨桀而夏民喜悦，周武伐纣而殷人不非。举顺天人，故能然矣。”意为商汤讨伐夏桀，夏朝的百姓却感到十分喜悦，周武王讨伐商纣王，殷朝却没有人反对。正是因为商汤王、周武王的讨伐顺应了天下的民心，因此才能做到这一点。这四位君主不同的境遇从正反两个方面为后人完美阐释了吴起所主张的“民本”之策的重要性，颇令人深思！

“禁暴乱、诛不义”：吴起的战争观

战争观最重要的两个内容即战争的起因和战争的性质，在《图国》篇中，吴起对这两个问题都进行了探讨。关于战争的起因，吴起认为主要有五个方面：“一曰争名，二曰争利，三曰积恶，四曰内乱，五曰因饥。”一是为了争夺名分发生战争，二是为了争夺利益发生战争，三是因为矛盾累积爆发战争，四是因为内乱引发战争，五是因为饥荒引起战争。可以说，吴起关于战争起因的概括还是比较全面的，基本涵盖了先秦时期的各种类型的战争成因。

为了争夺名分而引发的战争，最典型的代表是晋国与楚国的“城濮之战”，战争的主要目的是争夺中原的霸权。春秋时期，周王室势力衰微，各个诸侯国竞相征伐，战乱不已。周襄王十八年（前634年）左右，楚国的国力日益强盛，楚成王开始跃跃欲试，意图北上称霸中原。当时北方实力最为强盛的诸侯国是晋国。晋文公即位之后，励精图治，国力日盛。楚国选择的第一个进攻目标是宋国，宋国难以抵挡强大的楚国，便向晋国求救。晋文公拿不定主意，召集大臣们商议。因当年流亡宋国的时候，宋公待自己不薄，晋文公不忍心看着宋国被攻打而不去救援，想派遣使者去劝说楚国，又怕楚国不买账，出兵援助宋国就要与楚国交战，晋文公也不想与楚国交恶。最后商定：晋国先答应宋国的请求，并让宋国再去与齐国、秦国联系，赠送他们一些礼物，让他们帮忙与楚国交涉。晋国出兵讨伐亲楚的曹国、卫国，将这两个国家灭掉之后，所得的土地分给宋国一些，以此来弥补宋国的损失。

楚成王得知晋国要救援宋国，便命令其大将子玉不要逼近晋国的军队，避免与强大的晋国交战。并告诫子玉，晋文公在外流亡十几年，重回晋国继承王位，经历过很多大是大非，这样的人不能与他作战。子玉一向自视甚高，反而主动向楚成王请战，成王虽然不高兴，但是出于无奈，只好派遣了少量军队给子玉指挥。子玉派遣使者告诉晋国，如果他们释放曹、卫两国的国君，楚国也会解宋国之围。晋国将使者抓了起来，一边私下对曹、卫两国允诺让他们复国，一边让他们与楚国绝交。子玉大怒，派兵进逼晋国的军队。晋文公按照当年的约定，主动后退三舍，一方面报答了当年楚成王在自己流亡楚国时的礼遇之情，另一方面更深层次的原因则是采取"卑而骄之""怒而挠之"的诱敌之计。子玉果然没有让晋文公失望，带着自己的军队紧追不舍，两军对峙于城濮。双方爆发激战，晋军先冲击了由力量比较薄弱的陈、蔡军队组成的楚军右翼，陈、蔡军队四散奔逃，楚国右军溃败。晋军又佯退引诱楚军，子玉派楚左军追击，对溃败的右军无暇以顾。楚左军在追击的过程中，侧翼暴露，被晋军拦腰截断，楚左军大败。子玉眼见左右军全都溃败，迫于无奈，只好下令中军停止进攻，以防全军覆没。之后，子玉率领残师退出战场，晋军休整三日，班师凯旋。城濮之战，晋国大胜，晋文公成为无可争议的中原霸主，楚国北上争霸的锋芒受挫，中原诸侯国全都朝宗晋国，奉其为“诸侯之长”。

为了争夺利益而引发的战争，最典型的代表是晋国与秦国的“崤之战”。鲁僖公三十二年（前628年），晋文公去世。杞子从郑国派使者告诉秦穆公说：“郑国现在让我掌管着北城门的防务，如果秦国悄悄地派军队来袭击，就可以得到郑国。”秦穆公深感兹事体大，便去征求大臣蹇叔的意见。蹇叔认为，兴师动众地跨越别国去袭击远方的另一个国家，军队长途奔袭，会疲惫不堪，而且大军行进，郑国必然会得到消息，预有防备。秦穆公惑于利益之欲没有采纳蹇叔的意见，召集孟明视、西乞术、白乙丙三位将军率军出征去偷袭郑国。秦国的军队经过滑国的时候，郑国的商人弦高要去周朝都城做买卖，刚好遇到秦军。为了迷惑秦军，弦高主动去慰劳秦军，并欺骗秦军说：“我们郑国的国君听说秦国的军队要经过郑国，特意派遣我前来慰劳。虽然我们郑国并不富裕，但是你们秦国的军队住一天，我们就供给一天的粮食，如果要走，我们就做好保卫工作。”慰劳完毕，弦高赶紧派人前往郑国报信。

郑穆公得知消息后，派遣皇武子前去对秦军说：“你们在我们国家居住的时间也不短了，我们国家的粮食也快吃完了，你们差不多该走了吧？”秦国的主将孟明对其他将领说：“看来郑国早有防备，我们的目标实现不了，如果我们强攻郑国，缺乏后援，肯定难以取胜。我们还是回去吧!”为了不空手而归，秦军顺道灭掉了滑国。

得知秦军偷袭郑国未遂的消息之后，晋国大臣原轸对新即位的晋襄公说:“秦穆公违背蹇叔的意见，因其贪得无厌而使得百姓劳苦不堪，这是上天赐给我们的好机会，如果我们错过了，就会违背天意，留下后患。一定要讨伐秦军!”其他大臣也纷纷表示，秦军不为晋国新丧国君举哀，反而去讨伐晋国的盟国，是绝对不能原谅的。于是，晋襄公将白色的孝服染成黑色，并调动姜戎的军队参战，于崤山埋伏，在秦军返回秦国的时候袭击秦军，将秦军三帅孟明视、西乞术、白乙丙全部俘虏。后来，晋国将俘虏的秦国将士释放回国。秦穆公穿着白色的衣服在郊外等候这些战败的将士，不但没有降罪于他们，反而哭着对将士说:“我没有听从蹇叔的劝告，让你们蒙受了耻辱，这都是我的过错。”秦穆公正是一时被吞并郑国的利益所诱惑而做出了错误的决策，发动了偷袭郑国的战争，导致军队千里争利，无功而返。

因为矛盾累积爆发战争，最典型的代表是齐国与燕国的“齐燕之战”。周显王四十八年（前 321 年），燕易王死，太子哙即位为燕王。燕王哙昏庸无能，朝中大权都掌握在燕相子之的手中。周慎靓王五年（前 316 年），燕王哙在鹿毛寿和苏代的劝说下，竟然主动将王位禅让于子之。太子平强烈反对，但是当时鉴于子之威权甚重，只能忍辱偷生。三年后，燕国将军市被和太子平发动兵变，攻击子之。燕国国内战乱纷飞，一片混乱，经过数月的战争，市被和太子平战死。

周赧王元年（前314年），齐宣王趁燕国内乱，派遣将领匡章率领大军进攻燕国。燕国本来就军力偏弱，加上内乱大伤元气，仅仅五十余天就被齐军攻下都城。燕王哙被杀，子之被俘后被齐军剁成了肉酱，一代叱咤风云的相国变成了一堆肉泥。齐军占领燕国之后，在燕国境内烧杀抢掠，无恶不作，对燕国百姓犯下了不可饶恕的罪行，自此，燕国与齐国结下了深仇大恨。

眼见邻国燕国大乱，赵武灵王将燕国的公子职从韩国召来，将其送回燕国继承王位，是为燕昭王。因齐有灭国之仇，燕昭王誓言要找齐国报仇雪恨。在位期间，燕昭王用厚礼吸引天下贤才前来燕国，一时间，天下的士人争相前往燕国效力，这其中就有乐毅、苏秦、邹衍、剧辛等人。这几个人在燕国都受到了重用。乐毅被任命为亚卿，苏秦被燕昭王派遣前往各国游说，一方面破坏齐、赵的友好关系，另一方面劝说齐国攻打宋国。为了消除齐国的疑心，燕昭王卑躬屈膝地屈从齐国，并派出军队帮助齐国攻打宋国。周赧王二十九年（前286年），齐国灭宋，其领土已经拓展到淮北地区。

齐国的扩张损害了秦、赵、魏、韩等国的利益，四国结成以赵为首的联盟攻打齐国。此时，经过燕昭王近三十年的努力，燕国国力日盛，四国联盟的形成正是燕昭王等待已久的良机。燕国迅速加入四国联盟，燕昭王任命乐毅为上将军，带领燕国主力与四国组成五国联军。赵王将相国印绶授予乐毅，乐毅担任统帅统领五国联军攻打齐国。经过济西、秦周两次大的战斗，齐军大败。乐毅命其他国家的军队分路进攻，自己亲率燕军长驱直入，成功攻下齐国都城临淄，经过六个月的战斗，乐毅攻下齐国城池七十余座，全都划为燕国的郡县，齐国濒临灭国。

因为内乱引发战争，最典型的代表是“三家分晋”。晋文公时，因改革需要，建立了军政合一的军事制度，并将晋国的二军扩编为上、中、下三军，后又增设两军，在晋襄公时，又改设三军，每军各设将、佐，这就形成了著名的“六卿”制度。“六卿”制度是军政合一的制度，他们拥有军政大权，上马治军，下马治民，势力日益强盛。为了争权夺利，各大贵族展开了激烈的争夺，经过兼并，到春秋晚期时，赵、魏、韩、范、智、中行氏六大贵族掌握了晋国的军政大权，史称晋国“六卿”。在柏人之战中，中行氏、范氏被灭。公元前 458 年，赵、魏、韩、智四大贵族未经晋出公同意，竟然私自将中行氏、范氏原有的土地瓜分。是可忍孰不可忍！晋出公势单力薄，便联合齐国、鲁国等外援来攻打赵、魏、韩、智“四卿”，谁知竟然兵败，最后死在了逃亡的路上。智伯拥立晋哀公为晋国的新国君。公元前 453 年，赵襄子、韩康子、魏桓子联手攻打智伯，将其杀死，吞并了智氏的土地。经过此番兼并，晋公室仅剩下绛和曲沃两座城邑作为奉祀之地，晋国其他的土地全部被赵、魏、韩三大贵族瓜分，晋公室已经名存实亡。晋烈公十三年（前 403 年），周威烈王赐封赵、魏、韩三氏为诸侯国。

因为饥荒引发战争，最典型的是秦晋之间爆发的一次战争。晋惠公是秦穆公护送回国即位的，本来他答应割让黄河以西的八座城池来答谢秦穆公，但是回国后却出尔反尔，没有兑现承诺。后来，晋国发生了饥荒，便向秦国求助。秦国的大臣丕豹建议趁晋国饥荒攻打晋国，但是公孙支、百里奚认为不应该乘人之危。因此，秦国动员全国的粮草储备支援晋国渡过了饥荒。第二年，秦国国内发生了饥荒，便向晋国求救，晋惠公拿不定主意，便找大臣一起商议。大臣虢射说：“去年我们晋国闹饥荒，这是秦国攻打晋国的好机会，但是秦国没有顺应天意，反而赠送粮食帮我们渡过饥荒，这是秦国没有珍惜机会。现在秦国闹饥荒了，这是上天赐给我们攻打秦国的绝佳时机，我们坚决不能像秦国那样错失良机。”虢射的建议正合晋惠公的心意，他便愉快地采纳了，趁饥荒之机攻打秦国。

秦穆公得知晋惠公不但不救秦国，反而要乘人之危，派兵攻打秦国，对于这个恩将仇报的不义之人，非亲自讨伐不可。秦穆公便率兵亲自迎击晋国的军队。在作战的过程中，秦穆公看见晋惠公的马车陷到了泥沼之中，便离开秦军主力想要去活捉他，结果不小心陷入了晋军的包围之中。在这千钧一发之时，突然冲出三百勇士与晋军展开厮杀，不但保护了秦穆公，还帮助秦军擒住了晋惠公。秦穆公想要杀死晋惠公祭祀上天，消解自己的心头之恨，后听取大臣的意见，将晋惠公释放回国。晋惠公回国后，为了报答秦穆公的恩情，将黄河以西的土地献给了秦国。

关于战争的性质，吴起也创造性地进行了探讨：“一曰义兵，二曰强兵，三曰刚兵，四曰暴兵，五曰逆兵。禁暴救乱曰义，恃众以伐曰强，因怒兴师曰刚，弃礼贪利曰暴，国乱人疲，举事动众曰逆。”第一种是禁暴救乱的“义”兵，第二种是恃强凌弱的“强”

兵，第三种是怒而兴师的“刚”兵，第四种是弃礼贪利的“暴”兵，第五种是“国乱人疲，举事动众”的“逆兵”。春秋战国时期，战乱频仍，吴起通过自己的观察总结了五种类型的战争，具有较强的概括性。

禁暴救乱的“义”兵的典型代表是齐桓公“尊王攘夷”的战争。齐桓公即位后，在管仲的辅助下，进行了一系列政治、经济、军事方面的改革，国力日益强盛，具备了雄厚的经济实力和强大的军事实力。为了奠定自己“诸侯之长”的地位，齐桓公打出了“尊王攘夷”的旗号，并采取了一系列军事行动。

“尊王”即尊崇周天子。周惠王二十二年（前 655 年），周惠王因宠幸一名妃子，打算将其子带立为储君。周惠王的嫡长子名郑，已经被立为太子，此刻面临被废黜的危险。齐桓公为了防止周王室再次发生内乱，保证王位顺利交接，便召集各国诸侯在首止会盟，并邀请太子郑参与会盟，以确定其周王室的正统地位。后太子郑即位，是为周襄王，齐桓公率领各诸侯国与周襄王的使者会盟，确立周襄王的天子地位。周襄王元年（前 651 年），齐桓公召集各诸侯国在葵丘会盟，周襄王的使臣周公宰代表周王室正式册封齐桓公为“诸侯之长”。

“攘夷”即攘斥夷狄。周惠王二十一年（前 656 年），齐桓公率兵攻打楚国，理由是楚国没有向周王室进贡包茅，导致周王室的祭祀大典无法正常进行。楚国迫于齐军的威势，主动承认了错误，并向周王室进贡了包茅。其实，所谓的包茅只是一个借口，齐桓公讨伐楚国其实是为了敲打一下楚国，打消楚国北上争霸的念头，维持齐国在中原地区的霸主地位。

周惠王十四年（前663年），北方的少数民族山戎攻打燕国。山戎是生活在燕山一代的游牧部落，以狩猎和放牧为生。后逐渐南下，势力扩张到中原边境地区。燕国受到侵犯，便向当时中原的老大——齐桓公求救，齐桓公作为霸主，义不容辞，便迅速派出军队救援燕国，将山戎打退。周惠王十六年（前661年），山戎又进攻邢国，齐桓公率领齐国、曹国、宋国的军队救援邢国，将狄人打退，但是邢国的国都已经是一片废墟，邢侯向齐桓公哭诉自己已无立身之所。在齐桓公的帮助下，在夷仪为邢国新建了国都。

次年，狄人又大举进攻卫国。卫懿公在位期间，德政不修，不恤百姓，喜好玩鹤，卫国的宫廷园囿中到处都是各种珍奇的鹤。这天，正当卫懿公想带鹤出游之时，突然听闻狄人来犯，便赶紧召集百姓迎战，但是却没有百姓听从命令。正当他手足无措时，一名老者讥讽卫懿公，说主公有一宝物，可以用来抵挡狄人，那就是“鹤”军。卫懿公气愤地说：“你是拿我开涮呢吧？鹤怎么能用来打仗呢？”老者也愤懑地说：“您既然知道鹤不能打仗，还那么爱惜？您明知打仗要依靠百姓，却不知道爱惜他们。现在等到戎狄进犯了，您想起百姓了？”卫懿公羞愧不已，下令将鹤都放了，并发誓自己再也不玩鹤了。然而，戎狄的进犯速度很快，已经进犯到都城了。卫懿公一方面派人向齐国求救，一方面为了激励士气，亲自率兵迎击敌人，要与敌人决一死战。卫军在戎狄凌厉的攻势下很快瓦解，溃不成军，卫懿公陷入敌人的包围之中，最后被砍成肉泥，为自己的玩物丧志付出了昂贵的代价。齐桓公听闻卫懿公被杀，叹息不已。鉴于卫国已经被戎狄毁坏得残破不堪，管仲向齐桓公建议选一个新的地方为卫国重新筑城，以便安置卫国百姓。最后，齐桓公选定楚邱作为卫国的新都城。卫懿公之子公子毁即位，是为卫文公。卫文公对齐桓公的慷慨援助感激不已，亲笔写下了“再造之恩”四个大字，将其刻在石碑之上，矗立于都城东门，以铭记齐桓公的恩德。

恃强凌弱的“强”兵的典型代表是楚陈之战。陈国地处中原地区，战略地位十分重要，但是因为处在齐国、晋国、楚国等强国夹缝之中，只能拼命自保。尤其是对于意图北上争霸的楚国而言，陈国就是一块肥肉，如果吞并陈国，就可以将其作为北上争霸的战略前沿阵地。陈灵公在位期间，陈国内部爆发了“夏征舒之乱”，夏征舒杀死国君陈灵公，自立为君。楚庄王得知陈国内乱后，打着帮助陈国平定叛乱的旗号，借机出兵陈国，杀死夏征舒，灭掉了陈国，并想将陈国像申国、息国那样设置成楚国的一个郡县，从而作为北上争霸的基地。这时，楚国的大臣申叔时劝谏楚庄王，如果楚国就这样灭掉陈国，会引起中原诸侯国的不满，留下不好的名声，不利于楚国以后的争霸。楚庄王无奈，只好将流亡在晋国的陈国太子午立为陈国国君，即陈成公，陈国复国。

楚灵王时，楚国又出兵讨伐陈国，陈君抵挡不住楚军的攻势，逃往郑国。楚国第二次恃强凌弱地灭掉了陈国，在陈国的土地上设置郡县。周景王十六年（前 529 年），楚国发生内乱，公子弃疾发动兵变，推翻楚灵王，自立为楚平王。新君即位，为了彰显仁义、笼络人心，楚平王下令让陈国复国。被两次灭国的陈国虽然得到了复国的机会，但是已经是江河日下，衰弱不堪，随时会被楚国再次灭国。周敬王四十二年（前478年），楚国发生“白公胜之乱”，陈国趁机侵袭了楚国。楚惠王复位后，为了报仇，派将领公孙朝率楚军进攻陈国，陈军战败，国君陈湣公被杀，陈国第三次被灭国，也是最后一次。楚国在陈国设立郡县，永久地吞并了陈国。

怒而兴师的“刚”兵的典型代表是秦国与楚国的丹阳、蓝田之战。秦国经过“商鞅变法”之后，国力日益强盛，对楚国造成了极大的威胁。为了遏制秦国的扩张，楚国积极与东方强国齐国结盟。公元前318年，魏国、赵国、韩国、燕国等国推举楚怀王为纵长，从东西两个方面对秦国发起进攻。楚怀王一时风头甚盛，俨然已经成为魏惠王之后新的一代中原霸主。虽然合纵联盟最终被秦国攻破，但是楚国与齐国之间的联盟关系日益紧密。公元前313年，齐国、楚国组成的联军攻打秦国，占领了秦国的曲沃，斩断了秦国东向扩张的触角。秦国为了瓦解齐楚联盟，派遣能言善辩的张仪为使者出使楚国，以秦楚之间的重要战略基地商於作为诱饵，欺骗楚怀王，如果楚国与齐国断交，秦国愿意割让六百里商於之地给楚国。商於原本就是楚国的土地，秦楚两国以秦岭东段为分界线，秦国占有蓝关，楚国占有武关，两国据关以守。然而，秦国占领商於之地后，形势对楚国十分不利。秦国不但占据了形胜之地武关，而且居高临下，进可以以武关以东的商於地区作为进攻楚国的战略基地，退可以据武关防守，拒敌于国门之外。秦国深知商於之地对于楚国的重要性，因此选择以商於之地作为诱饵来欺骗楚怀王。

楚怀王少谋寡断，利令智昏，竟然相信了张仪的谎言。于是派使者向齐国宣布绝交，并派人护送张仪回秦国处理割地事宜。然而，张仪回国之后就声称摔断了腿，需要在家休息三个月，割地之事杳无音信。楚怀王以为秦国可能觉得楚国的诚意不够，便派遣勇士到齐国边境大骂齐王，齐湣王十分恼怒，下令与楚断交，与秦结盟。楚怀王见秦国没有动静，便派遣使者前去秦国讨要六百里商於之地。结果，等来的回答却是："哪里来的六百里土地？是我们商於地区有一块六里的土地，这块地的名字叫'六百'，我们打算把这块土地敬献给楚国。"楚怀王得知这一消息后，火冒三丈，又羞又怒，盛怒之下派遣十万大军讨伐秦国，誓言要活捉张仪。

怒而兴师是用兵大忌，即吴起所说的"刚兵"，这样的军队肯定要遭遇失败。这个时候，魏国、韩国也支援秦国，组成三国联军，楚国与秦、魏、韩三国的军队在丹阳大战，楚军大败，七十余名将领被俘虏，八万多人被斩首，损失惨重。丹阳之战失利后，楚怀王不甘心失败，征调全国的军队要与秦国决一雌雄，双方在蓝田发生激战，楚军再次败退。经过丹阳、蓝田两次大战，秦国占据楚国汉中之地六百里，设立汉中郡。秦国控制了汉中这一秦、楚、巴蜀之间的战略地带，进一步连通了汉水流域与长江流域，彻底解除了楚国对秦国腹心之地关中地区的威胁，并在对楚战争中牢牢掌握了主动权。而楚国经历这两次大战后元气大伤，失去了重要的战略依托，在之后的争夺中只能采取守势，频频退让，最终都城郢都被占领，只能任人宰割，束手就擒了。

弃礼贪利的“暴”兵的典型代表是齐、宋之战。战国时期，宋国因地处中原腹心之地，成为各个大国竞相争夺的对象。尤其是宋国的陶邑，因其工商业十分发达，财货颇丰，齐国、秦国都对其颇为垂涎，早有觊觎之心。正巧此时，宋王偃杀其君易成自立为王，是为宋康公，并不断对外扩张，先后灭掉了滕国、薛国，并将楚国的淮北之地吞并，一时间宋国成了中原地区的一个中等强国。但是，宋康公对内却实行暴政，暴虐骄纵，为人嗜酒好色，甚至射杀劝谏他的大臣，宋国百姓生活在水深火热之中，苦不堪言。宋康公的所作所为给齐国提供了可乘之机。齐国想借机扩张，吞并宋国，但是遭到了秦国的反对，因为秦国当时的权相穰侯也看上了陶邑这块肥肉，想把它作为自己的封邑。

公元前286年，宋国内部发生叛乱。齐湣王趁机派遣将军韩聂举兵攻灭宋国，宋国的百姓苦于宋康王的暴政，早就民心离散，在强大齐军的进攻下，宋国的城池很快就被占领。宋康王逃到魏国，死在了温邑。齐湣王成功占领了宋地，得到了梦寐以求的陶邑。但是由于连年在南方用兵，国力消耗甚巨，北部边境的防御十分空虚，而燕国却始终没有忘记齐国当年的灭国之恨。贪婪的齐湣王为了陶邑，陷入了苏秦的“疲齐弱齐”圈套中，并得罪了秦国等大国，果然，不久之后，五国合纵破齐，齐国濒于灭国的危险境地，齐湣王也在逃亡的路上被楚国将领淖齿所杀，为其贪利付出了生命的代价。

国乱人疲、举事动众的“逆”兵的典型代表是秦赵“邯郸之战”。公元前259年，长平之战后，秦将白起想趁机进军，攻占赵国都城邯郸，直接灭掉赵国。然而，应侯范雎怕白起的功劳盖过自己，嫉贤妒能，以秦军需要休整为由，建议秦昭襄王同意韩、赵两国割地求和。秦昭襄王一时糊涂，同意了范雎的建议。赵孝成王打算按照约定将六座城池割让给秦国求和，但是大臣虞卿建议说，与其把城池割让给秦国，使其更为强大，将来对赵国构成威胁，不如将六座城池作为贿赂送给齐国，联齐抗秦。赵孝成王采纳了虞卿的建议，派其出使齐国商讨合纵抗秦大计，与此同时，赵国还与魏国订立盟约，合纵攻秦。

此外，赵孝成王又将灵丘封给楚国的相国春申君，以此来结好楚国，邀请其加入合纵联盟。在国内，赵国重整军备，积极备战，要与秦国决一死战。当秦昭襄王得知赵国毁约并积极联络各国合纵攻秦时，怒不可遏，命令五大夫王陵率军二十万伐赵，直攻赵都邯郸。但是，秦国已经错过了白起所说的最佳时机。长平之战中，虽然赵国损失惨重，但秦国也付出了沉重的代价，需要时间恢复国力。况且，赵国已经利用秦国给予的喘息之机对外积极联络外援，对内积极备战。果不其然，王陵率领的二十万军队并未能攻克邯郸城。久攻不下，秦昭襄王又从国内增兵十万支援王陵，但还是伤亡惨重，邯郸城依然牢不可破。秦昭襄王想重新起用白起为将，但是白起认为已经错过最佳时机，再攻打邯郸是难以取胜的，称病推辞。在范雎的谗言下，秦昭襄王竟然下令白起自刎，一代名将就此陨落。秦昭襄王改令王龁接替王陵担任主将，又增兵十万继续围攻邯郸。赵国向魏国、楚国求援。公元前257年，魏国、楚国的支援军队到达邯郸城外，向秦军发起进攻。邯郸的守军配合魏、楚两国的军队内外夹击，秦军大败，损失惨重，秦军将领郑安平率领的两万余人投降赵国，王龁率领残余的秦军退回秦国，邯郸之围遂解。

吴起谏言魏武侯

吴起在魏国受到了魏文侯的赏识，在河西地区立下了不朽功勋，并在担任西河郡守期间政绩突出，在魏国朝野上下甚有盛名。魏文侯去世之后，太子魏击继位，是为魏武侯。与魏文侯相比，魏武侯与吴起之间的关系甚为微妙，一方面，魏武侯必须倚仗吴起镇守西河郡，防止秦国东出，威胁到魏国的边境；另一方面，吴起功勋卓著，有功高盖主之嫌，又让魏武侯有所忌惮。在这种微妙的关系之中，吴起作为臣子，如何赢得君主信任，消除君臣嫌隙，显得尤为重要。然而，吴起是一个十分耿直的将领，胸有韬略，但是缺乏权谋，自认为只要忠心为国，必然会得到国君的理解和赏识。殊不知自古以来都是“伴君如伴虎”，主上的绝对权威不可侵犯。而且，魏武侯与其父魏文侯不同，他自视甚高，对于臣子的逆耳忠言并不能都采纳，尤其是对于立有军功、握有兵权的吴起态度十分复杂。吴起自恃对魏国立有功勋，作为先王重臣，在魏武侯面前也是当仁不让，对于其一些不当言行直言不讳，这在吴起对魏武侯的谏言中表现得尤为突出。《吴子兵法·图国篇》就记载了一则吴起向魏武侯谏言的小故事：

武侯尝谋事，群臣莫能及，罢朝而有喜色。起进曰："昔楚庄王尝谋事，群臣莫能及，退朝而有忧色。申公问曰：'君有忧色，何也？'曰：'寡人闻之，世不绝圣，国不乏贤，能得其师者王，得其友者霸。今寡人不才，而群臣莫及者，楚国其殆矣！'此楚庄王之所忧，而君说之，臣窃惧矣。"于是武侯有惭色。

魏武侯曾经有一次与大臣们谋划事情，群臣的计谋都比不上魏武侯，武侯退朝之后面有喜色。吴起知道此事后，便向魏武侯进言说："以前楚庄王曾经与大臣们谋划事情，群臣的计谋都比不上楚庄王，楚庄王退朝后面有忧色。申公问楚庄王：'君上面有忧色，这是为什么呢？'楚庄王回答说：'寡人听说，世间不缺少圣人，国家不缺少贤才，能够得到这些圣贤作为老师的国君可以称王，能够得到这些圣贤作为朋友的国君可以称霸。如今寡人没有多少才能，然而群臣却都比不上我，楚国大概是要陷入危险之境了！'楚庄王感到忧虑的事情，主上您却感到高兴，臣私下里感到恐惧不安。"于是魏武侯感到十分难堪，脸上流露出惭愧的神情。吴起的谏言固然是出于公心，然而其对正处于洋洋得意状态的魏武侯直接泼了一盆冷水，势必会引起魏武侯极大的不满。

如果说这一则谏言还算比较温和，那么吴起在魏武侯视察西河郡时的谏言则火药味更为浓郁了。

> 魏武侯与诸大夫浮于西河，称曰："河山之险，岂不亦信固哉！"王钟侍王，曰："此晋国之所以强也。若善修之，则霸王之业具矣。"吴起对曰："吾君之言，危国之道也；而子又附之，是危也。"武侯忿然曰："子之言有说乎？"吴起对曰："河山之险，信不足保也；是伯王之业，不从此也。昔者三苗之居，左彭蠡之波，右有洞庭之水，文山在其南，而衡山在其北。恃此险也，为政不善，而禹放逐之。夫夏桀之国，左天门之阴，而右天溪之阳，庐、缴在其北，伊、洛出其南。有此险也，然为政不善，而汤伐之。殷纣之国，左孟门而右漳、釜，前带河，后被山。有此险也，然为政不善，而武王伐之。且君亲从臣而胜降城，城非不高也，人民非不众也，然而可得并者，政恶故也。从是观之，地形险阻，奚足以霸王矣！"
>
> 武侯曰："善。吾乃今日闻圣人之言也！西河之政，专委之子矣。"

魏武侯与大臣们乘船在西河之上游玩，魏武侯称赞道："有如此险峻的山河作为屏障，魏国的边防难道还能不坚固？"大臣王钟侍奉在武侯旁边，说："这就是晋国之所以强盛的原因所在。如果我们在山河之险的基础上修明政治，那么就可以成就称王称霸的宏图伟业了。"吴起回答说："我们国君的话，是会让国家陷入危险之境的言论；然而你还附和国君，这就更加危险了。”魏武侯听完气愤地说：“你的话有什么根据吗？”吴起回答说：“山河之险，是不足以依靠的，王霸之业不是依靠山河之险成就的。以前，三苗居住的地方，左边是彭蠡湖，右边是洞庭湖，岐山居于北面，衡山处于南面。尽管有这些天险可以依仗，但是德政不修，最后被大禹所放逐。夏桀的国家，左边是天门山的北麓，右边是天溪山的南边，北边是庐山和峄山，伊水、洛水流经它的南面。夏桀有着这样的天险凭恃，然而却德政不修，最后被商汤讨伐，国破身死。殷纣的国家，左边是孟门山，右边有漳水和滏水，前面对着黄河，后面靠着大山。即使有这样的天险，然而德政不修，最后被周武王讨伐，国家灭亡。再者说，国君您曾经带领我们占领、攻陷了多少城池，那些城池的城墙不是不高，士卒不是不多，然而我们却能够攻陷它们，其根本原因还不是因为这些国家的政治腐败吗？由此看来，依靠险峻的地形，怎么可能成就霸业呢？”

武侯回答说：“好啊！我今天算是听到了圣人的话。西河地区的政务，就全权托付给您了。”

西河是魏国西河郡的河流，魏武侯率领文武大臣去西河郡视察，在一般人看来，是吴起向魏武侯邀功的好机会。吴起在与秦国争夺河西地区的战争中立下汗马功劳，而且西河郡经过吴起的治理，政治清明，百姓安乐，可以说西河郡是吴起一手攻占和经营起来的魏国战略要地。魏武侯明知吴起功勋卓著，因此便有意识地想敲打一下吴起，便发出了这样的感叹：“有如此险峻的山河作为屏障，魏国的边防难道还能不坚固?”言外之意，魏国的边防之所以巩固，是因为有山河之险的缘故，并不是全部依靠你吴起。吴起可能没有听出魏武侯的言外之意，反而想借机给魏武侯上一课，也可能是听出了言外之意，有所不满，想敲打一下魏武侯，便有了所谓“危国之论”。此言一出，果然触怒了魏武侯，魏武侯愤然问道：“你的话有什么根据吗?”如果吴起说不出个一二三来，估计肯定要被降罪。吴起从三苗氏讲起，列举了夏桀、商纣等人的故事，用他们来说明修明政治的重要性。然而，这些所谓“高论”大多耳熟能详，并没有多大新意。幸亏吴起在最后稍稍拍了一下魏武侯的马屁，赞扬了一下魏武侯攻城略地的功绩。因此，魏武侯听完吴起的话气便消了一大半，便说：“好啊！我今天算是听到了圣人的话，西河地区的政务，就全权托付给您了。“圣人”是当时儒家所推崇的经典形象，魏武侯用它来评价战功赫赫的吴起，很难说没有些许“嘲讽”之意。西河的政务，全部托付给吴起，可以理解为对吴起的信任，也可以理解为如果西河有任何闪失，吴起都要承担全部责任。

从以上两则记载可以看出，在向国君进谏方面，吴起虽然秉持着一颗赤诚忠心，然而他却不是一个善于谏言的臣子，其性格过于耿直，说话方式过于直接，没有讲求方式方法，没有摸透魏武侯的心理，自然难以收到良好的效果，甚至导致魏武侯对吴起心存芥蒂，君臣之间的嫌隙越来越深，最终被公叔痤施计离间，导致吴起出逃前往楚国，魏国失去了国之栋梁。

春秋战国时期，有诸多大臣向国君谏言的事例，他们有的谏言成功被国君采纳，进而受到赏识，飞黄腾达，有的却因为谏言被冷落，甚至遭受杀身之祸，如此大相径庭的差别，不得不发人深省！

邹忌，一作“驺忌”，尊称“驺子”。战国时期齐国大臣，历仕齐桓公、齐威王、齐宣王三朝。邹忌以善于以讽喻善谏著称于世，尤其是对齐威王的两次谏言，堪称教科书式的经典案例。

第一则是邹忌说琴谏齐王。春秋时期第一位霸主齐桓公去世之后，其子田因齐继位，是为齐威王。齐威王是一位对弹琴十分迷恋的国君，即位之初，经常一个人在宫中抚琴自娱，沉迷其中无法自拔，无心顾及朝政，导致朝政荒废，国家日益衰败。一代霸主齐桓公去世，中原诸侯国失去了“诸侯之长”，又开始了互相征伐。韩、赵、魏三国趁齐国国丧之机，发兵攻打齐国重镇灵丘。面对形势日益严峻的外患，齐威王依然陶醉于享乐之中。

有一天，有一个名叫邹忌的齐国人，自称是琴艺十分高超的琴师，来到齐国王宫求见齐威王，要为其抚琴演奏。接到侍臣的禀报后，齐威王十分高兴，连忙命人将邹忌请进宫来，立即召见了他，并将其安置在宫中的右室。有一天，适逢齐威王在抚琴，邹忌推门就进入齐威王的抚琴之地，并连连称赞齐威王的琴弹得好极了！正在全身心抚琴的齐威王见邹忌突然闯入，心里十分不悦，便将弹琴的手拿开，按住了宝剑，向邹忌问道：“你只是听到了表面的琴音，而没有深入体察琴声背后的乐理，怎么知道我的琴弹得好呢？”看齐威王这架势，如果邹忌回答得不好，就会下令立即将这个毁了自己弹琴雅兴的鲁莽之人推出去斩首。

邹忌倒是不慌不忙，一副坦然自若的样子，开始了自己高超的表演。邹忌回答道："我听见大王琴的大弦弹出的声音舒缓而庄重，象征明君的形象；我听见大王琴的小弦弹出的声音明亮而清朗，象征贤相的形象；我观察大王弹琴时的指法，十分精湛纯熟，应该深沉的很深沉，应该舒展的很舒展，象征着政令；我听见大王弹奏出来的每个音符都十分和谐动听，既灵活多变，又彼此协调，象征着四时。正是因为这些原因，我才称赞大王的琴弹得好。"齐威王见邹忌说得头头是道，心中的不悦消散了一大半，便评价说："先生你很善于谈论音乐。"邹忌趁势说："我谈论的可不只是音乐，治理国家和安抚百姓的道理都在其中啊！"心中不悦刚刚消散的齐威王见邹忌如此大言不惭地跟自己谈论起治国之道，突然又心生不悦，便问邹忌："如果谈论五音的乐理，我相信没有人能比得上你，但是像治理国家和安抚百姓这样的大道理，怎么会蕴含在音乐之中呢?"邹忌回答道："弹琴和治理国家有相通之处，必须专心致志。琴的七根琴弦，就像君臣相处之道一般，大弦的声音好似春风浩荡，就像君主一样；小弦的声音如同山涧流水，就像大臣一样，应该拨动哪根弦就去拨动哪根弦，不该弹的弦坚决不去触碰，这就如同国家的政令一样，七根弦相互配合，彼此协调，才能共同弹奏出美妙的乐曲。同样的道理，君臣各尽其责，上下同心，才能使得国富民强、政治清明、百姓富足。因此，弹琴和治国的道理是一样的啊！"齐威王见邹忌说得有道理，但是想看看邹忌到底琴艺如何，便对邹忌说："先生，你所说的乐理正中我的心坎，但是只知道弹琴的乐理是不够的，必须要审知琴音才能称得上真正的琴艺大师，请先生为我弹奏一曲吧。”

齐威王的这一要求正好为邹忌的进谏做了铺垫，邹忌顺势而为，装模作样地走到琴位跟前，两手轻轻舞动，但是摆足了架势，却不真正地弹琴。齐威王见邹忌如此故弄玄虚，不禁怒火中烧，对邹忌呵斥道：“你只是摆出虚架子，却不真正地弹琴，难道你是要欺君不成?”邹忌见时机已经成熟，便对齐威王说：“臣以弹琴为谋生的职业，理所当然应该全心全意地研究弹琴的技法。大王您作为国君，以治理国家为要务，怎么可以不全身心地研究治国理政的大计呢?这不就和我弹琴只是空摆架子、不真正去弹是一个道理吗?臣只是抚琴不弹，就没有办法做到让大王您心情舒畅，大王您作为一国之君，不用心治理国家，就不能让您的臣民心满意足。这其中的道理还请大王三思。”齐威王恍然大悟，称赞道：“说得好!”

邹忌因为此次进谏，一语点醒梦中人，让沉迷于弹琴的齐威王如同醍醐灌顶一般大彻大悟，从而得到了齐威王的器重，被齐威王直接任命为相国，封于下邳县（今江苏省邳州市)，称成侯。可谓一飞冲天，位极人臣。

邹忌的确是十分有才能的臣子，在他的辅佐下，齐威王励精图治，推行了一系列的改革措施，使得齐国的国力日益增强，成为当时的军事强国。然而，邹忌却并没有志得意满，而是继续从自己的生活实践中体悟治国理政的道理，然后通过巧妙的讽谏方式向齐威王进言，使其乐于采纳，君臣同心，共同将齐国治理得政通人和。

这就有了第二则故事，邹忌讽齐王纳谏。

邹忌不但颇有才能，而且身高八尺有余，身材魁梧，容貌帅气，英姿勃发。邹忌对自己的帅气也是十分引以为傲的。然而，当时齐国都城临淄有一位徐公，居住在城邑的北面，据说是闻名全城的美男子。有一天早上，邹忌穿戴好衣帽准备上朝，站在镜子前不禁又开始欣赏起自己的盛世容颜，便问自己的妻子说："我与城北的徐公相比，谁更美呢?"邹忌的妻子说："您美到了极致，徐公怎么能和您相提并论呢!"邹忌知道徐公是出了名的美男子，不太相信妻子的话。又去问自己的小妾说："我与城北的徐公相比，谁更美呢?"小妾说："徐公怎么可能比得上您呢?"第二天，有客人登门拜访邹忌，邹忌和他坐着谈话。邹忌便问客人说："我与城北的徐公相比，谁更美呢?"客人回答道："徐公当然没有您美!"又过了一天，徐公刚好上门来拜访邹忌，邹忌便趁机仔细地端详了一番徐公的容貌，自认为没有徐公帅气。邹忌又对着镜子打量自己，越看越觉得自己比不上徐公，跟人家差得很远。晚上睡觉之前，邹忌就开始琢磨这件事，便有所开悟："我的妻子认为我比徐公美，是因为偏爱我的缘故；我的小妾认为我比徐公美，是因为惧怕我的缘故；我的客人认为我比徐公美，是因为有求于我的缘故。"想明白了这件事之后，邹忌便以此事来巧妙地向齐威王进谏。

邹忌上朝拜见齐威王，将自己经历的这件事详细告诉了齐威王，说："我有自知之明，深知自己没有徐公美丽。可是我的妻子偏爱我，我的小妾惧怕我，我的客人有求于我，因此他们都对我说我比徐公更美。如今的齐国，土地广阔，方圆有千里之大，城池一百二十多座。王公中的姬妾和身边的近臣，没有不偏爱大王您的；朝廷中的大臣，没有不惧怕大王您的；国内的百姓，没有不对大王有所求的。由此看来，大王您也像我一样，受到了严重的蒙蔽啊！”

齐威王觉得邹忌的谏言十分有道理，便夸奖道：“你说得很有道理。”于是，齐威王就向全国发布了一道命令：“所有的大臣、官吏、百姓，谁能够当着我的面批评我的过错，可以获得上等的奖赏；谁能够采用上书的方式劝谏我，可以获得中等的奖赏；谁能够在人们聚集的公众场所指责、议论本王的过失，并且能够传到我的耳朵里，可以获得下等的奖赏。”齐威王的这一道命令颁布以后，齐国所有的大臣都来进言规劝齐威王，齐国王宫的庭院就如同市集一样喧闹不已。过了几个月之后，偶尔还有人谏言；过了一年以后，即使有人想进言，但是也没有可以规劝的由头了。燕、赵、韩、魏等国听说了这件事，都到齐国来朝见齐威王。

从以上两则劝谏的事例可以看出，邹忌是一个深谙讽谏艺术的人，加之其又具备娴熟的从政谋略，二者完美结合，从齐威王的爱好和其本人的生活体悟出发，委婉地劝谏齐威王悉心朝政、广开言路、改革弊政、整顿吏治，收到了良好的效果。尤其是第二则故事，邹忌没有像吴起那样单刀直入，对齐威王进行直接批评，而是以事设喻，启发诱导齐威王看到自己受蒙蔽的严重性，从而使他懂得纳谏的重要性。邹忌以自己的亲身经历为依据，推己及人，这种现身说法的方式具有较强的说服力。“王之蔽甚矣”一句，点明了进谏的主旨，犹如当头棒喝，一针见血，使其猛醒，具有强烈的表达效果。齐威王幡然醒悟，立即发布政令，悬赏求谏，广开言路，对于关心国事、积极进谏者，分不同情况给予奖赏。齐威王纳谏去蔽，从而使齐国国力强盛，威震诸侯。

吴起因为两次不算高明的劝谏导致与魏武侯产生嫌隙，进而被奸人施以反间之计，导致出逃他国，背井离乡。与之相比，一代忠臣伍子胥却因三次劝谏不成导致自杀身亡，死后眼珠被挖，放在城门之上，其境遇就更让人难以释怀。

伍子胥，名员（一作芸），字子胥，楚国人，春秋末期吴国大夫、军事家。楚平王宠信奸臣费无极，在费无极的挑拨下，楚平王将太子建的妃子占为己有，并将太子建迁往城父居住，戍守边疆。费无极又向楚平王进谗言，造谣太子拥有城父的兵权，想要进攻都城。伍子胥的父亲伍奢是楚国太子太傅，楚平王便召见伍奢进行斥责，并将其囚禁。为了根除后患，费无极建议楚平王将伍奢及其两个儿子伍尚、伍员一起杀掉。听闻消息后，伍子胥逃到了吴国。伍奢、伍尚被楚平王杀害。

伍子胥逃到吴国后，帮助吴王阖闾不断与楚国斗争，最终成功攻入楚国国都郢都。为了报杀父杀兄之仇，伍子胥掘开楚平王的坟墓，挖出尸体，抽打了三百鞭，以消心头之恨。伍子胥辅佐吴王阖闾成就了吴国的霸业，可谓功勋卓著。公元前 496 年，吴王阖闾在与越王勾践的战斗中受伤，后伤重不治而亡。临死前，嘱咐其子夫差勿忘杀父之仇，并任命伍子胥为相国公，辅佐夫差治理吴国。吴王夫差继位后，成功地打败了越国，然而并未斩草除根，而是在其宠臣太宰伯嚭的斡旋下接受了越王勾践的投降。

伍子胥深知越王勾践是一代枭雄之主，留着此人会后患无穷。于是，伍子胥便向吴王夫差进谏说：“越王勾践很能吃苦，大王如果不一举歼灭他，以后一定会后悔。”吴王夫差是一个自视甚高、盛气凌人的君主，听到伍子胥给出的理由竟然是“能吃苦”，心中十分不以为然。加上伍子胥进谏的语气十分强硬，更是激发了吴王夫差的强烈不满，但是鉴于伍子胥在吴国位高权重，只是没有采纳他的谏言，并未责罚他。伍子胥对吴王夫差的第一次劝谏以失败告终，如果他认真汲取教训，改变劝谏方式，可能就不会有后来的灾祸了。然而，伍子胥就是伍子胥，他的耿直不允许他做出改变。

吴王夫差一直有北上称霸的雄心壮志，其北上的第一个障碍就是齐国。趁齐国内乱、国君新立之机，夫差打算攻打齐国，打开北上争霸的通道。伍子胥得知这一情况后，便向吴王夫差劝谏说：“不行。齐国与吴国的习俗、语言都不相同，即使得到齐国的土地，也没有办法与齐人相处；得到了齐国的百姓，也不能役使他们。而吴国与越国是邻国，两国土地接壤，习俗和语言相近。如果我们获得了越国的土地和百姓，可以直接增强国力。吴国对越国而言也是一样的道理。所以，地理环境决定了吴国、越国势不两立。越国对吴国来说是心腹之患，虽然现在还没有显现出来，但是它造成的伤害是十分致命而隐秘的。齐国对于吴国来说只是疥癣之疾，很容易治愈，况且也造成不了多大伤害。如今，大王却要舍弃越国去攻打齐国，就如同担心虎患反而去猎杀野猪一样，即使打胜了齐国，也不能消除后患。”

概而言之，伍子胥一直主张彻底消灭越国，所以其谏言始终咬住越国不放，但是他没有领会到夫差好大喜功的称霸意图，进谏的方式十分耿直，直接亮明态度——不行。这样的进谏方式，一是理由缺乏新意，二是态度过于生硬，不但不能让夫差欣然接受，反而会让其心生不满。与此相反，夫差的宠臣太宰伯嚭就深谙“侍君之道”。他对夫差说：“不能听信伍子胥的话。大王您之所以不能号令中原，主要是因为齐国、晋国。大王您如果进攻齐国，将其打败，然后以战胜之威移兵晋国边境，晋国慑于您的兵威，一定会俯首听命。如此便可一举收服两个国家。这样，大王就可以号令天下，称霸中原了。”本就雄心勃勃的夫差被太宰伯嚭说得心花怒放，于是拒绝了伍子胥的建议，采纳了太宰伯嚭的计谋。气急败坏的伍子胥竟然对吴王夫差说：“上天想要灭亡吴国的话，就让大王打胜仗；上天不想灭亡吴国的话，就让大王打败仗。”这一激烈的言辞不但没有能阻止吴王夫差出兵齐国，反而为其后来的结局埋下了隐患。

吴王夫差出兵齐国，与齐国的军队在艾陵交战，齐军大败。后来，吴国又要出兵攻打齐国，伍子胥再次劝谏，吴王夫差不但没有听从他的谏言，反而还派伍子胥出使齐国。伍子胥对他的儿子说：“我多次劝谏大王，大王都没有采纳我的谏言，我现在仿佛已经看到吴国的末日了。你与吴国一起灭亡，没有好处啊！”于是，伍子胥将自己的儿子托付给齐国的鲍氏，便返回吴国向吴王夫差汇报。伍子胥的这一举动为奸佞之臣伯嚭提供了把柄，其趁机向吴王夫差进谗言，诬陷伍子胥有谋反之心。本就对伍子胥颇为恼怒的夫差便下令赐死伍子胥，令其自尽。伍子胥得知后，便仰天长叹道：“唉！奸臣当道作乱，大王反而要杀我这个忠臣。我伍子胥辅佐大王之父称霸诸侯。当初，几位公子争夺太子之位，我伍子胥冒死力争，才使得大王被立为太子。大王被立为太子后，曾经想要将吴国分一半给我，我不敢有这样的奢望。可是如今大王却忘记了旧日的情谊，竟然听信小人的谗言要杀害我这个长辈。”伍子胥的临终遗言充满了愤懑和怨恨。他让家人在自己死后将自己的双眼挖出，挂在国都的东门之上，以便将来可以看着越国的军队入侵吴国国都。伍子胥的这一遗言激怒了吴王夫差，他下令将将伍子胥的尸体扔到江里喂鱼。从吴王夫差的所作所为可以看出，此人十分残暴，不念旧情，不恤功勋之臣，与此同时，也反映出其对伍子胥劝谏恨之入骨。几年之后，正如伍子胥所料，越国的军队攻破了吴国的国都，卧薪尝胆的越王勾践夷平了吴国的宗庙。吴王夫差本人也被活捉，在临死之际，他进行了深刻反省，深知自己错信了奸佞，杀害了忠臣，深感自己无颜去九泉之下见伍子胥，便以巾盖脸自杀了。诸葛亮曾对伍子胥有一句评语：“子胥长于图敌，不可以谋身”，可谓不刊之论。

“安国之道，先戒为宝”：吴起的备战思想

在《吴子兵法·料敌》开篇，魏武侯向吴起分析了魏国的战略地缘形势：“今秦胁吾西，楚带吾南，赵冲吾北，齐临吾东，燕绝吾后，韩居吾前，六国兵四守，势甚不便，忧此奈何?”大意是：如今秦国威胁着我们的西部，楚国围绕着我们的南部，赵国正对着我们的北部，齐国紧邻着我们的东部，燕国阻绝着我们的后背，韩国据守着我们的前方。为了应对六国的威胁，我们需要从四面进行防守，这一战略形势对我们十分不利，我深感忧虑，将军有什么良策吗?吴起回答说：“夫安国家之道，先戒为宝。今君已戒，祸其远矣。”意为：保障一个国家安全的方法，预有戒备是最重要的。如今您已经对敌人的威胁做了戒备，祸患会离我们远去。

“安国之道，先戒为宝”高度凝练地概括了吴起的备战思想，是吴起在总结春秋战国时期各国战备实践经验的基础上得出的兵学智慧和思想结晶。对于“戒备”的理解，不适合做过于狭隘的解释，将其仅限于防备敌人的进攻。“戒备”必然也包含主动出击之前所做

的战争准备工作。吴起“先戒为宝”的思想与孙武所主张的“先胜”思想有异曲同工之妙，体现了先秦兵家思想的继承与借鉴特征。

作为主动出击的一方，将“先戒”思想体现得最为淋漓尽致的是秦国。周孝王六年（前 905 年），秦非子养马有功，秦国被周天子封为附庸国，都城定于秦邑（今甘肃清水），秦非子号曰“秦嬴”。公元前 771 年，曾烽火戏诸侯的周幽王被犬戎所杀，西周灭亡。众诸侯拥立周幽王的太子宜臼为王，是为周平王。鉴于当时西周都城镐京遭遇地震，残破不堪，加上外围始终有戎狄外患威胁，周平王决定迁都。公元前 770 年，周平王在秦、晋、郑等诸侯国的护送下，将都城迁到了洛邑，这就是历史上著名的“平王东迁”，由此开启了东周的历史。秦襄公因护送周平王东迁有功，被周平王封为诸侯，秦国正式成为周朝的诸侯国。秦穆公任用百里奚、蹇叔等著名谋臣，励精图治，国力日益强盛。先后帮助晋怀公、晋文公等回国即位，影响力日盛。秦穆公谋求东出争雄时，历经“崤之战”和“彭衙之战”两场战争，遭遇失败，东出势头被扼制。于是秦国谋求向西扩张，灭掉戎人国家，攻打蜀国以及关西之国，拓地千里，国土日广。鉴于秦国在西方的强大势力，周襄王封秦国为“西方诸侯之伯”，秦国于是称霸西戎。虽然在秦穆公时期，秦国东出争雄的目的未能实现，但是这一目标的确立为后世国君的奋斗指明了方向。公元前 362 年，秦献公之子嬴渠梁即位，是为秦孝公。在秦献公之前的几代，秦国经历了国君之位动荡之乱，国力日益衰弱，魏国趁机夺取了秦国的河西之地，秦献公即位后，多次试图收复河西之地，但都未能成功，含恨而终。

秦孝公即位之后，以恢复秦穆公时期的霸业为毕生追求，为此，孝公广施仁德、救济百姓，并发布著名的求贤令，向全天下招揽贤才。卫国人商鞅听闻秦孝公求贤，前来投奔，以霸道之术赢得秦孝公的青睐。在秦孝公的支持下，秦国进行了著名的“商鞅变法”，为实现秦国东出争霸做好准备工作。“商鞅变法”及其影响生动地诠释了吴起“先戒为宝”思想的重要指导价值。

商鞅变法前，秦国的经济和军事实力均落后于东方六国，秦国甚至被视为戎狄之国，不与会盟。面对当时日益激烈的兼并战争，秦孝公有着深深的危机感和忧患意识。商鞅的霸道之术成功地征服了秦孝公，为此，孝公对商鞅十分信任，坚决支持其对秦国的政治、经济、军事等制度进行全方位的变革。政治上，商鞅实施郡县制，制定严格的律令，改革秦国户籍制度，五家为伍，十家为什，按户按人口征收军赋，废井田，开阡陌，实行土地私有制，允许土地自由买卖，统一税收和度量衡，并对秦民“私斗”之风进行改易；经济上，商鞅重农抑商，主张奖励耕战，制定二十等爵制度，明确规定百姓可以通过多缴粮食、多立军功获得爵位，极大地提高了军人和农民的社会地位，调动了普通百姓从事农业生产和从军立功的积极性。经过商鞅两次较为彻底的变法，秦国不适应生产力发展的旧有制度被废除，新的有利于生产力发展的制度得以确立，尤其是奖励耕战的政策，使秦国国力和军力迅速增强，实现了富国强兵的目的。

公元前342年，秦孝公派遣太子嬴驷作为代表，率领西戎九十二国朝见周显王，显示了秦国在西方无可争议的霸主地位。在做好这些准备的基础上，秦国重新开启东出争雄的宏图大业。河西之地对秦、魏来说都具有重要的战略意义，魏国占据河西之地后，可以以此为跳板，进一步攻秦甚至灭秦，秦国面临严重的外部威胁。因此，收复被魏夺取的河西之地是秦孝公先祖留下的遗愿，其父秦献公为此奋斗一生，先后在洛阴（今陕西大荔）、石门山（今山西运城）、少梁（今陕西韩城）三场战役中与魏国展开激烈争夺，但都未能成功收复河西之地。经过商鞅变法之后的秦国，已经具备了雄厚的经济和军事实力，做好了各项战争准备。

秦孝公八年（前354年），秦国趁魏国进军赵国首都邯郸之时，派军队偷袭魏国，进攻魏国河西重要军事据点元里（今陕西澄城），打败魏军，成功占领少梁。秦孝公九年（前353年），齐、魏发生“桂陵之战”，魏军大败，士气受损。魏国在对外作战中的频频失利让秦国嗅到了难得的机遇。秦孝公十年（前352年），秦孝公任命商鞅为大良造，率领秦军长驱直入，直插魏国旧都安邑（今山西夏县）并成功占领这一要地。魏惠王见秦军攻势甚锐，便派军队在固阳（今陕西延安）以东修建长城，以便阻挡秦军继续东出。但一切都是徒劳，秦军东出势不可挡。

秦孝公十一年（前351年），商鞅率领军队攻打固阳，固阳守军投降，秦军成功占据魏国上党郡这一重要战略要地。然而，魏国毕竟是当时首屈一指的军事强国，在东方迅速与各大国结盟讲和之后，立即调集大军开始反击秦军，成功夺回旧都安邑并围攻固阳。秦孝公被迫在彤地（今陕西华县）与魏惠王会盟修好。秦孝公二十一年（前 341 年），魏国在马陵之战中遭受齐国重创，庞涓率领的魏国军队被齐国田忌、孙膑的军队设伏包围，魏太子申被俘，主将庞涓自刎而死，魏十万大军全军覆没，魏国国力遭受重创，日益衰落。秦国这时经过两次变法，国力日盛，秦孝公趁机派商鞅进攻魏国河西地区，魏军大败，主将公子卬被商鞅俘虏。魏国被迫割让河西部分土地向秦求和。秦孝公二十四年（前 338 年），秦军再次进攻魏国，在岸门（今山西河津）发生激战，魏军大败，主将魏错被秦军俘虏。秦惠文王六年（前 332 年），秦惠文王派大良造公孙衍担任主将，攻打魏国上郡军事要地雕阴（今陕西甘泉），魏国防守河西的主将是名将龙贾，双方激战两年多时间，战况惨烈，最终秦军成功全歼魏军，主将龙贾被俘。次年，魏国迫于秦国强大的军事压力，将河西之地全部还给秦国，至此，秦国终于实现了数代为之不懈奋斗的目标，同时也为东出争雄，进而最终统一天下奠定了坚实的基础。

如果说秦孝公是将“先戒为宝”战备思想贯彻得最好的人，那么齐国末代国君齐王建就是不修武备导致国破人亡的反面代表。公元前 265 年，齐襄王去世，其子田建即位，是为齐王建。齐王建母亲君王后贤德，辅助齐王建共治国政。这时，齐国一方面与秦国保持良好关系，另一方面与其他诸侯国也以信义相处。齐国获得了数十年的太平日子。

齐王建十六年（前 249 年），君王后去世，由其族弟后胜担任齐国相国，辅佐齐王建。齐相后胜为人贪婪，秦国便派遣间谍赠送给后胜大量黄金、玉器。上有所好，下必甚之，齐相后胜派往秦国的宾客也在秦国的贿赂下，反为秦国所用。吃人嘴软，拿人手短。齐相后胜接受了秦国赠送的大量财物之后，便劝说齐王建放弃与其他诸侯国合纵攻秦，而是朝奉秦国，认为这样才能换来长久的安宁。齐王建被后胜所惑，一心侍秦，不修武备，在秦国攻打其他诸侯国的时候袖手旁观。因此，秦国得以顺利地消灭韩、赵、魏、楚、燕五国。齐王建四十四年（前 221 年），秦已灭五国，兵锋直指齐国，齐王建恍然警醒，赶紧与后胜调集军队防守齐国西边的国界，但是因承平日久，武备废弛，秦军将领王贲从燕国直接南下，一路进攻到齐国的都城临淄，齐国的百姓都不敢起来反抗。为了减少伤亡，秦王嬴政派遣使者欺骗齐王建，告诉他只要肯投降秦国，秦王愿意赐给他五百里封地。齐相后胜也劝齐王建投降秦国。齐王建一向缺乏主见，便向秦国投降，齐国灭亡。单纯的齐王建以为秦王嬴政会兑现承诺，没有想到却被安置到了偏远的共地，连个遮风挡雨的房子都没有，只好居住在荒僻的松树、柏树之间。秦王还下令不许给齐王建供给食物，可怜一代齐王最后竟被活活饿死在偏僻的异国他乡之地。

"简募良才，以备不虞"：春秋战国的精锐部队

吴起在《图国》篇中向魏武侯提出了"简募良才，以备不虞"的建议："古之明王，必谨君臣之礼，饰上下之仪，安集吏民，顺俗而教，简募良才，以备不虞。昔齐桓募士五万，以霸诸侯；晋文召为前行四万，以获其志；秦穆置陷陈三万，以服邻敌。故强国之君，必料其民。民有胆勇气力者，聚为一卒。乐以进战效力，以显其忠勇者，聚为一卒。能逾高超远，轻足善走者，聚为一卒。王臣失位而欲见功于上者，聚为一卒。弃城去守，欲除其丑者，聚为一卒。此五者，军之练锐也。有此三千人，内出可以决围，外入可以屠城矣。"《孙子兵法·地形篇》也指出："兵无选锋，曰北。"这些兵学经典都指出了选拔精锐力量组建担负特种作战任务的部队的重要性。在春秋战国时期，随着各诸侯之间兼并战争的日趋激烈，各国都竞相发展军事力量，如何在战场上出奇制胜成为诸侯们最为关心的问题。这个时候，选拔精锐力量组建特种作战部队成为许多强国的一种选择，其中最有代表性的有四，他们分别是：齐之技击、魏之武

卒、赵之边骑和秦之锐士。其中以赵之边骑最具代表性，在赵国的军事史上有着举足轻重的地位。

齐之技击是战国时齐国经过考选和训练的步兵之称，因其持戟，又称持戟之士，又因其驻防于五都，又称“五都之兵”或“五家之兵”。春秋时期，齐国的民风比较彪悍，整个社会崇尚武功，流行游侠之风，当时民间有很多习武之人，武艺高强，善于骑射。为了增强军队的战斗力，齐国利用其国力雄厚的优势，用金银爵位从民间招募习武之人进行训练，使其成为国家军事力量的组成部分。因此，从性质上来说，齐之技击就是齐国最早出现的雇佣兵。对于齐之技击的战斗力，历史上评价均不甚高，荀子认为“齐人隆技击，其技也，得一首者，则赐赎锱金，无本赏矣，事小敌毳，则偷可用也，事大敌坚，则焉涣离耳；若飞鸟然，倾侧反覆无日，是亡国之兵也。兵莫弱是矣，是其去赁市佣而战之几矣”。意思是齐国的人崇尚“技击之士”，主要是看重他们的技能，这些技击之士在战场上取得敌人的一颗首级，可以换取八两黄金，战后没有其他的赏赐。采取这种办法培养的“技击之士”，如果遇到小的战役，敌人弱小，勉强还可以作战，如果遇到大的战役，敌人强大，那么这些士卒就会涣散而四处逃离，如同乱飞的鸟一般，没有多长时间就会覆灭。这样的军队是将国家推向灭亡的军队，没有比这种军队更弱小的了，这样招募而来的士卒组成的军队打仗，跟雇佣普通百姓作战没有太大差别。对于春秋战国时期的精锐部队的战斗力，荀子也做出了著名的评价，即“齐之技击不能当魏之武卒，魏之武卒不可遇秦之锐士”。可见，在这些精锐部队中，齐之技击的战斗力是最低的。

魏武卒装备精良，主要是以步兵为主，选拔标准是十分严格的。《荀子·议兵篇》记载："魏之武卒以度取之，衣三属之甲，操十二石之弩，负矢五十，置戈其上，冠胄带剑，赢三日之粮，日中而趋百里。中试则复其户，利其田宅。"意思是魏国的武卒是按照这样的标准选拔的，士卒披上三层重甲，力气能够张开十二石的强弩，每人背负五十只弩矢，手持长戟，头戴铁胄，腰悬宝剑，身上携带三天的粮食，半天能够行进一百里。如果能达到这样的标准，就可以成为魏武卒，国家会给予其优厚的待遇，赐予足够的田宅，让其安心服役。由此可见，魏武卒之所以能成为战国时期一支劲旅，首先是因其选拔条件比较严苛，能够入选的人在基础素质方面远高于普通人；其次，一旦入选，魏武卒有着丰厚的福利待遇，其家人可以解除奴隶身份，免除劳役，还可以分到大约一百亩的土地，如果立有战功，还可以获得相应的爵位，从而实现了"一人从军，全家受益"的目标；第三是因为魏武卒配备了精良的武器装备，从吴起的论述可以得知，魏武卒装备有重甲、弩矢、长戟、铁胄、利剑等武器，这都与当时魏国冶铁业的兴盛是密不可分的，魏武卒装备了大量的铁制武器，对于其战斗力的提升大有裨益。

赵之边骑即赵武灵王时期组建的"胡刀骑兵"。三家分晋之后，魏国、韩国获得了中原地区的大片富庶土地，而赵国得到的大多是北方的苦寒之地，而且周围强敌环伺，北方是强大的匈奴人，东北是东胡人，西北是林胡、楼烦人。赵国国力在三晋之中相对较弱，周边的游牧部落经常袭扰边境，甚至深入内地劫掠，给赵国带来严重威胁。在与周边大国的争斗中，赵国常常处于劣势地位，屡屡失利，将帅被擒，城邑被占，连当时的中山国动不动都来打压赵国，加上北方的游牧民族常常侵犯边境，赵国的处境十分艰难，处于风雨飘摇之中。正当此时，赵国的一位传奇国君横空出世，带领赵国绝境逢生，通过著名的“胡服骑射”改革使得赵国的军事力量大增，并不断对外扩张，成为当时著名的军事强国，这个人就是著名的赵武灵王。

赵武灵王，嬴姓赵氏，名雍，赵肃侯之子。赵武灵王在与游牧部落的作战中发现他们的骑兵特别厉害，往来如风，来去自如，经常将赵国的军队打得毫无还手之力。当时中原地区的战法主要为车战、步战、步射、骑战。赵武灵王受游牧部落军队的启发，决定把步射和骑战结合起来，形成新的战法——骑射。为了适应这一新的战法，赵武灵王改变中原衣袖宽大的衣着，效仿游牧部落短衣窄袖的胡服。这就是著名的“胡服骑射”。胡服就是采用胡人的服装，即改穿短装，束皮带，用带钩，穿皮靴。

为了进行彻底的改革，赵武灵王不但要求部队的士卒穿胡服，而且要求全国的臣民都穿胡服，这在当时的赵国掀起了一场轩然大波。在当时的中原人中，周边的游牧部落都被称为夷狄，被视为野蛮未开化的代表。华夷有别，现在竟然要向这些蛮夷学习，赵国从上到下都无法接受这一改革之策。因此，赵武灵王的“胡服骑射”命令首先就遭到了皇亲国戚们的强烈反对。公子成等人以“易古之道，逆人之心”为由，拒绝接受变法。赵武灵王驳斥他们说：“只要是有利于国家昌盛的事情，就不必拘泥于古人的旧法。”为了表示自己改革的决心，赵武灵王将文武大臣召集到一起，当着众臣的面用弓箭将城门楼上的枕木射穿，并严厉地说：“谁要敢再对胡服骑射乱发议论，我的箭就会射穿他的胸膛。”向全体文武大臣表明自己胡服骑射改革的决心后，赵武灵王晓之以理动之以情地说服了大臣肥义和将军楼缓，得到了他们的支持，又耐心地给公子成做工作，并最终赢得了公子成的赞成。公子成是赵国贵族的代表，他带头在朝堂之上穿上了胡服，给予赵武灵王以极大的支持。于是，窄袖交领右衽的胡服就在赵国上下推行开来。

穿胡服之后，赵武灵王又根据当时赵国的地形特点，淘汰了笨重的战车，让将士改习骑马射箭，用游牧部落骑兵的骑射之长弥补赵国士卒的短处。此外，赵武灵王从周边游牧部落引进了大量的胡马来代替中原的马匹，使得战马的质量有了极大的提升。赵国的骑兵放弃了沉重的铠甲，轻装上阵，近战用短剑，远战用弓弩，速度迅捷、运动灵活、攻击性强，特别适宜于在内地平原和北方草原地区作战。通过胡服骑射改革，赵国适应了战争方式由“步战”向“骑战”发展的趋势，建立起一支以骑兵为主体的强大军队，这就是著名的“赵之边骑”，使得赵国的军事实力有了很大的提升，成为当时的军事强国，进而迈开了赵国开疆拓土的步伐。

赵国将对外扩张的第一个目标指向了中山国。中山国是由白狄所建立的国家，因城（中山城）中有山而得名中山国。中山国的国土处于燕国与赵国之间，春秋时期，曾长期与晋国交战，成为中原诸侯国的心腹大患。魏文侯时，派遣乐羊、吴起统率军队，经过三年苦战，将中山国灭国。中山国的残余力量退入太行山中。二十多年后，中山国趁各诸侯国忙于争霸，无暇外顾之时，于公元前380年前后复兴了中山国，定都灵寿（今河北平山三汲附近）。复国后的中山国处于赵国东北部，将赵国领土分为南北两部分，经常对赵国发动战争，成为赵国的心腹大患。赵武灵王即位后，始终将伐灭中山国作为重要战略目标。赵武灵王十八年（前308年），为了讨伐中山国，赵武灵王亲自前往边境地区实地考察，在九门（今河北藁城西北）修筑野台，并派遣大臣李疵观察中山国国情。李疵观察了一段时间之后，得知燕国也有讨伐中山国的意图，便向赵武灵王汇报说：“中山国可以讨伐，国君如果不赶紧讨伐，燕国就将抢先一步。”收到奏报后的赵武灵王不想让燕国抢先一步占领中山国，便派出赵军向北攻取中山国的领土，燕国也趁机南下攻打中山国。赵军一路攻打到中山国的房子（今河北高邑西南）附近，却遭到中山国全力反击，不但没有获得中山国的领土，赵国的领土鄗邑（今河北柏乡北）还被中山国占领。在战胜赵军之后，中山国又挥师北上，将燕国的军队赶出了边境。由此可见，中山国的军事实力十分强大，可以同时应对两个大国的两面夹击，且可以战而胜之。

遭遇失败的赵武灵王感到十分耻辱，在深入考察北方的胡地之后，立下誓言：“胡地中山，吾必有之。”之后便开启了胡服骑射改革的强军大幕。胡服骑射改革完成之后，赵国军事实力增强，便又将矛头指向了宿敌——中山国。

赵武灵王二十年（前 306 年），赵国派出军队再次讨伐中山国，一路势如破竹，一直攻到了中山国都城灵寿（今河北平山）附近的宁葭（今河北获鹿北），彻底控制了太行山的重要战略通道井陉。同年，赵武灵王趁秦国内乱之机，向西渡过黄河，攻占了与秦国接壤的林胡的榆中地区（今陕西北部与内蒙古交界的河套地区）。经过胡服骑射训练的“赵之边骑”作战勇猛，将林胡的骑兵打得大败而逃，损失惨重，林胡王被迫向赵武灵王求和，献上大量的优良马匹作为厚礼。赵武灵王命令代国国相赵固负责管理新占领的林胡领土，并选拔了大量的林胡勇士，配上林胡的优良马匹，进一步充实赵国的骑兵部队，增强军事实力。

赵武灵王二十一年（前 305 年），赵国再次大举进攻中山国。赵军的数量足有二十万之众，兵分两路，南路军队由赵武灵王统领，以赵袑统领右军，许钧统领左军，赵章统领中军，向中山国腹地出击。北路军队是由牛翦统率“赵之边骑”组成的军团，赵希统率胡、代兵马。此次讨伐中山国，赵国战果辉煌。北路军队攻占了丹丘（今河北曲阳西北）、华阳（今河北曲阳、涞源西南）与鸱之塞（今河北华阳东北）。南路军队成功占领鄗、石邑（今河北鹿泉南）、封龙（今河北元氏西北）、东垣（今河北正定）。中山国在赵国的大举进攻下，丢失了近三分之一的领土。鉴于赵军力量强大，攻势凌厉，中山国只好向赵国求和，以割让四邑给赵国作为求和条件。赵武灵王自知暂时还无法控制所占领的中山国的腹地城邑，便答应了中山国的求和条件，暂时撤赵军回国休整。然而，赵武灵王对中山国是势在必得，中山国割让的四座城邑并不能满足赵武灵王的胃口。赵武灵王二十五年（前 301 年），赵国再次进攻中山国，攻入中山国国都灵寿（今河北灵寿），中山王蚉逃往齐国。

赵武灵王二十六年（前 300 年），赵国夺取了林胡和楼烦的大片土地，建立了雁门郡（今山西北部神池、五寨、宁武以北至内蒙古之间地区）和云中郡（今内蒙古大青山以南、黄河以南、长城以北之间），迫使林胡和楼烦大幅度地向北迁移。为了防止林胡和楼烦南下，赵武灵王派人在边境地区修建了两道长城。同年，赵国攻占了中山国东部的重镇扶柳（今河北冀县），至此，赵国占领了中山国东部的所有领土，将领土北扩至燕、代地区。逃往齐国的中山王蚉死在了齐国，赵国也因多年与中山国的战争消耗了大量国力，为了休养生息，赵武灵王“归息士民而复之”，扶植中山国君作为傀儡来控制中山国，中山国名存实亡。赵惠文王三年（前 296 年），赵国废除中山国君，将中山王尚迁徙到肤施（今陕西榆林南），号称“千乘之国”的中山国最终被赵国所灭。赵国在灭掉中山国之后，发展壮大为可以与强秦匹敌的军事强国，这都与赵武灵王通过胡服骑射改革建立强大骑兵部队“赵之边骑”密不可分。此后，“赵之边骑”在赵国的历史上叱咤风云，成为一代传奇。

公元前 283 年，五国联军伐齐，赵国派出廉颇率军参战，廉颇以六千“赵之边骑”夺取齐国的阳晋，一战成名，威震诸侯，被赵惠文王册封为上卿。如果说阳晋之战是“赵之边骑”初露锋芒，那么秦赵之间的阏与之战则将赵国强大的骑兵部队的实力展现得淋漓尽致。

秦昭襄王时期，范雎向秦昭襄王提出了“远交近攻”的战略，并建议先攻打处于天下中枢位置的魏国、韩国，“断山东之脊”。然而，赵国经赵武灵王胡服骑射改革之后，军力大增，成为当时可以与强秦抗衡的军事强国。秦昭襄王虽然想兼并魏国、韩国，但是对北方的强赵始终有所忌惮。因此，秦昭襄王决定寻机攻打赵国。公元前282年，秦国攻取赵国三城，赵国以公子部为质于秦，并与秦国签订协议，决定以焦、魏、牛狐三地来换取被秦国占领的三座城池。秦国答应了赵国的求和，但是赵国又反悔，让秦昭襄王十分恼怒。周赧王四十六年（前269年），秦昭襄王以赵不履行交换城邑的协议为由，派中更胡阳率军进攻赵国要地阏与（今山西和顺）。阏与位于太行山山脊，地势十分险要，战略地位至关重要。当时，赵国的疆域主要包括太原盆地和华北平原两部分，中间隔着太行山脉，而阏与是太行山脉上的交通要道，秦军一旦控制阏与，就很有可能将赵国的国土一分为二，切断赵都邯郸与晋阳的关系。接到秦军攻打阏与的军报后，赵惠文王急忙召集名将廉颇、乐乘等人商议对策，两人认为阏与距离赵国国都邯郸过于遥远，且道路崎岖难行，难以救援。

廉颇和乐乘久经沙场，都是赵国的名将，他们如此说，阏与看来是保不住了。正当赵惠文王难以决策之时，一个人站了出来，他就是赵奢。此时的赵奢还只是一个名不见经传的小人物。赵奢说：

“道远地险路狭，就譬如两只老鼠在洞里争斗，哪个勇猛哪个就能够得胜。”因此，赵奢主张救援阏与。于是，赵惠文王便命赵奢率赵军救援阏与。赵奢带兵出城之后，却没有一路赶到阏与，与秦军厮杀，而是在距离邯郸三十里的地方即筑垒扎营，按兵不动。赵国的将士们出征的时候，都抱着保家卫国的迫切心情要去与秦军决一死战，恨不得立马飞到阏与前线。然而，赵奢的决策却让赵国的将士们一头雾水，摸不着头脑。将士们按捺不住，纷纷向赵奢请战，结果赵奢却发布了一道军令：“有谁胆敢以行军打仗之事进谏的，一律斩首。”将士们只好听从将令。

正当此时，秦军的一支军队开始包围武安，在武安城外摇旗呐喊，厉兵秣马，巨大的声响将武安城中的屋瓦都震动了。秦军的意图并非真的要攻打武安，而是想借武安来牵制赵军，以便尽快攻克阏与。眼见武安被围，赵军将士十分着急，有一名侦察人员请求赵奢火速救援武安，竟被赵奢以违反军令的罪名斩首示众。赵国的军队在邯郸城外驻屯二十八天之久，继续增强营垒防御，制造出赵军怯弱、唯保邯郸的假象。赵奢的举动也让秦军主将胡阳捉摸不透，为了刺探虚实，秦军派出间谍到赵军之中刺探军情。赵奢佯作不知，令属下让其任意活动，并将其故意放归秦营，以假象麻痹秦军。秦军的间谍将赵军停滞不前的情况向胡阳做了报告。胡阳大喜，说：“刚离开邯郸三十里就驻扎营垒，按兵不动，可见赵军是多么惧怕秦军。赵军救援阏与，恐怕就是做做样子吧，看来阏与注定不会是赵国的领土了。”于是，就放松了对赵军的警惕。

赵奢将秦国的间谍送走之后，立刻号令赵军将士偃旗息鼓，卸掉重甲，充分发挥赵国骑兵来去无踪的速度优势，昼夜急行军，两天一夜就赶到了阏与前线，在距阏与城五十里处筑垒设营。被抛在武安的秦军听说赵奢已至阏与，如梦方醒，慌忙调集兵力奔向阏与。正在围攻阏与的秦军听闻赵军从天而降，慌忙分兵阻击。赵奢听从手下一名叫许历的军士的建议，迅速占领了阏与城外的北山制高点。秦军赶来与赵军作战，抢夺北山不得，纷纷拥挤在山脚下。赵奢利用地形优势，居高临下，充分发挥赵国骑兵的强大机动性和冲击力，往来奔突，将秦军杀得四散奔逃。与此同时，阏与城中的守军也开始发起反击，与赵奢的军队内外夹攻秦军。围困阏与的秦军死伤过半，大败而归，阏与之围随之而解。阏与之战，赵奢一战成名，班师回朝后，被赵惠文王封为马服君，地位与廉颇、蔺相如平起平坐，成为赵国名将之一。此战后，强秦遭遇重大挫折，在很长一段时间内，不敢再轻易进犯赵国。阏与之战中，赵国之所以能战胜强大的秦国，一方面是因为赵奢的计谋高超，隐蔽作战企图，麻痹敌人，促其骄傲轻敌，尔后出其不意，突然发动攻击，后又抢占有利地形，牢牢掌握了战争的主动权；另一方面也是因为赵国有强大的骑兵部队——“赵之边骑”作为坚强后盾，因此，赵奢才能够在两天一夜的时间里突然兵临阏与前线，打了秦军一个措手不及。在最后的交战中，赵奢也是在占有地利的基础上，充分发挥骑兵的冲击和机动优势，最终大胜秦军，成功解除了阏与之围，保卫了赵国的国土，在实战中充分检验了赵国胡服骑射改革的良好成效，予秦国以沉重打击。

如果说赵国与秦国的阏与之战是以骑兵对步兵的非对称优势取得的胜利，那么李牧率领“赵之边骑”与匈奴的战争则是两国骑兵的终极较量。

李牧，战国时期赵国著名军事将领，与白起、廉颇、王翦并称“战国四大名将”。战国末期，李牧可谓是支撑赵国危局的国之栋梁，素有“李牧死，赵国亡”之评价。战国末期，中原各诸侯国忙于兼并战争，战火连绵，无力外顾。正当此时，北方的匈奴部落日益发展壮大，成为一支强大的军事力量，对赵国、燕国等边境构成了较大威胁。李牧早年是赵国北部边境的将领，负责率领“赵之边骑”防守代地的雁门郡，防备匈奴进犯。雁门郡，是赵武灵王为对抗北方游牧民族而设置的三郡之一。“天下九塞，雁门为首。”李牧在雁门郡具有较大的自主权，可以根据实际需要设置官职，雁门郡的税收也无须上交国家，直接输入将军府，由李牧支配。李牧经常犒赏士卒，每天杀牛宰羊用来改善边境部队的伙食，深受士卒的拥戴。与此同时，李牧为了防止士卒“厚而不能用”，坚持对士卒进行严格军事训练，并将烽火台等军事情报设施予以整顿，培养大量的间谍深入匈奴之地刺探情报，为雁门郡的防守提供情报支撑。在李牧的治理下，雁门郡防守严密，多年来匈奴一直不敢大举进犯。但是，李牧却从来不让赵国的士卒主动出击与匈奴作战，并颁布了一条将令：如果匈奴入侵，全体士卒必须回撤防守，不能因为贪功而主动出击杀敌。这就导致每次匈奴策马进犯时，赵国的精锐部队从来都是只守不战，虽然赵国的军队没有取得辉煌的战绩，但是因为防守严密，从来也没有出现匈奴破边进入内地劫掠的情况。

长此以往，匈奴以为李牧是惧怕匈奴骑兵的强大而怯战、避战，只会消极防守，不敢与匈奴骑兵正面交锋，渐渐地就开始轻视李牧。雁门郡的这种状况传到了赵王的耳朵里，赵王大怒，认为李牧只是一味防守，消极避战，不敢与匈奴骑兵一较高下，有损赵国大国的尊严。于是，赵王派另外的将领代替李牧为将，防守雁门郡。新来的将领新官上任，急于立功，立即改变了李牧以守为主的策略，频繁带领边军出关作战。然而，因为对匈奴情况不熟悉，战果并不理想。匈奴趁机劫掠，边境地区的百姓们损失惨重，导致百姓大量逃亡，田地荒芜，边境地区的税收也直线下降。赵王见此情况，只好又将李牧召回，李牧称病不出。赵王坚持请李牧出马，担负防守雁门郡的重任。李牧便对赵王说："如果坚持让我去，我还是会执行跟以前一样的防守政策，只有大王同意了，我才会前去雁门郡。"于是赵王便同意了李牧的要求。

李牧到了雁门前线，一如既往地执行以守为主的政策。有鉴于此，匈奴渐渐不再把李牧放在眼里，认为他是一个只会缩头不出的畏惧强敌的庸将，轻敌情绪在匈奴军队中日益滋长。而在赵军一方，李牧坚持对士卒进行操练，部下们每天被李牧滋养犒赏，都摩拳擦掌，跃跃欲试，个个士气高昂，想要为李牧征战沙场，立下赫赫战功。李牧见自己等待已久的时机已到，便迅速整顿军队，从赵国的边境部队中选拔了战车一千三百乘，骑兵一万三千人，步兵五万人，弓箭手十万人，夜以继日地整军备战。

为了引诱匈奴上钩，李牧将大量的牲畜散布在草原上放牧，漫山遍野都是牛羊。匈奴先派出小股部队试探进攻，李牧命令部队佯装败退。匈奴单于接到报告后，毫不犹豫地率领匈奴大军前来劫掠牛羊。因为在他们看来，赵国的边军消极畏战，根本不敢出城作战。在之前的交战过程中，赵军与匈奴作战，最担心的不是正面交锋，而是找不到匈奴主力，最后因疲惫不堪或者粮草难继被匈奴伏击。此次匈奴见有利可图，便投入了军队主力劫掠散布在草原之上的赵国牲畜。李牧率领赵国的边境精锐部队设下埋伏，摆出奇阵，在匈奴劫掠得正起劲的时候突然发起攻击，从左右两翼包抄合围，打了匈奴一个措手不及，匈奴大军阵脚大乱，被李牧的军队杀得四散奔逃。只此一战，匈奴的十万骑兵主力被李牧围歼，损失惨重。李牧趁战胜之威，接着又出兵打败了东胡族，收降了林胡部族。匈奴见赵国军力甚盛，李牧善于用兵，便引兵远遁，连续十多年再也不敢靠近赵国的边境。李牧一战成名，成为赵国的著名将领。

秦赵长平一战，赵国四十万精锐部队损失殆尽，军力遭受毁灭性打击，使得战国后期唯一可以与强秦抗衡的赵国迅速衰落。之后，秦国不断向赵国发起攻击，不断蚕食吞并赵国的领土。秦王政十三年（前234年），秦国挟上党、河间战役胜利之威，兵锋东指，派将军桓齮领兵进攻赵国的平阳（今河北磁县东南）和武城（今磁县西南），赵将扈辄率兵赴救，秦赵双方经过激战，赵军大败，十万大军被秦军歼灭，赵将扈辄兵败被杀。在秦军节节胜利的大好形势下，秦王政十四年（前233年），秦王命令将领桓齮率秦军进逼邯郸，意图灭掉赵国，赵国陷入空前的危机之中。鉴于国内防守力量空虚，赵王迁急命防守北部边境的名将李牧率领“赵之边骑”南下驰援邯郸，并负责指挥防守邯郸的全部赵军。李牧率领边境守军迅速驰援邯郸，在邯郸城外与赵王派出的赵军会合，在宜安附近与秦军形成对峙之态。

根据当时的形势，鉴于秦军实力强大，屡屡获胜，攻势凶猛，士气强盛，李牧认为如果仓促应战，肯定难以取得胜利。经过深思熟虑，李牧决定采取筑垒固守、伺机反攻的战略方针，首先消磨掉秦军的锐气，待秦军疲惫，疏于防备，再伺机袭占秦军大营，俘获留守的秦军及其辎重。与此同时，李牧判定秦军知道大营被袭后，一定会派兵援救，便派出一部分兵力在秦军救援的必经之路伏击秦军。伏击的赵军兵分三路，一路正面阻击，另外两路配置在两翼，当救援的秦军与正面阻击的赵军交战时，两翼的赵军实施钳攻。秦、赵双方经过激战，秦军大败而归。李牧因挽救了邯郸城，功勋卓著，被赵王迁封为武安君，成为支撑赵国的国之栋梁。

“以治为胜”的治军典范：魏武卒

在《吴子兵法·治兵》篇中，魏武侯问吴起说：“兵何以为胜?”面对这一困惑诸多国君的军事难题，吴起简洁明了地回答：“以治为胜。”如果说《孙子兵法》的主要成就是在用兵打仗的谋略方面，那么，《吴子兵法》则在治军思想方面独树一帜。吴起的治军思想都是其在魏国治军实践的经验总结，尤其是吴起锻造的重装步兵劲旅——魏之武卒，令天下谈之色变，成为当时最为彪悍和精锐的军队代表。概而言之，吴起的治军思想主要包括三个方面：

一是法令严明、赏罚有信。魏武侯对于吴起“以治为胜”的回答有所质疑，提出了“不在众寡”的疑虑。面对魏武侯的质疑，耿直的吴起直截了当地回答说：“若法令不明，赏罚不信，金之不止，鼓之不进，虽有百万，何益于用?”意思是如果一支军队没有严明的法令，不能做到信赏必罚，听到鸣金之声也不停止行军的脚步，听到鸣鼓之声也不前进作战，这样的军队即使数量有百万之众，对于国家来说又有什么用呢？为了让魏武侯接受自己的治军理论，吴起进一步对“以治为胜”做出了说明。“所谓治者，居则有礼，动则有威，进不可挡，退不可追，前却有节，左右应麾，虽绝成陈，虽散成行。与之安，与之危，其众可合而不可离，可用而不可疲，投之所往，天下莫当，名曰父子之兵。”什么是“治”呢？就是军队在军营中的一切举止都要符合军礼，出兵作战则要对敌人形成强大的威慑，勇往直前的时候没有人可以阻挡，组织后退的时候没有人可以追击。前进后退有节制，左右移动听指挥，即使被敌人隔绝也仍旧保持各自的阵形，即使被敌人冲散阵形也能迅速恢复行列。上下同欲，安危与共，这样的军队能够团结一致而不会离散，能够连续作战而不会疲惫，将这样的军队投向战场作战，普天之下没有谁能够阻挡，这样的军队就如同“父子兵”组成的军队那样战无不胜。由此可见，“法令严明，赏罚有信”是吴起治军思想的第一个重要内容。

法纪严明是吴起治军的首要原则。有一次，魏国与秦国发生战争，因两国围绕河西地区进行过多次较量，可以说是有不共戴天的血仇，双方士卒都跃跃欲试，要在战场上拼个你死我活。为了作战需要，吴起用军旗指挥士卒后退，然而有一个士卒没有控制住自己的情绪，冲进秦军敌阵一顿砍杀，手持两名秦兵的人头返回魏军营阵。这名魏军士卒的勇猛善战赢得了魏军士卒的齐声叫好，他自己也洋洋得意地等待吴起的褒奖，却见吴起面色冷峻，直接下令将这名违令出战的士兵推出去斩首示众。众将大惑不解，纷纷求情。吴起答道：“两军交战，军令如山。只有做到令行禁止，主将指挥起军队来才能如同臂膀指挥手指一样自如，指挥千万人组成的军队才能如同指挥一个人一样自如。如果有人违背军令，主将就不能高效地指挥军队，因此，这名士卒必须斩首，这样才能让整支军队明白军令如山的真正内涵。”

用兵之害，犹豫最大。吴起说：“凡兵战之场，立尸之地，必死则生，幸生则死。其善将者，如坐漏船之中，伏烧屋之下，使智者不及谋，勇者不及怒，受敌可也。故曰：‘用兵之害，犹豫最大，三军之灾，生于狐疑。’”意思是凡是两军交战的战场，都是流血牺牲、尸横遍野的地方，如果抱有必死之心勇敢作战，则可能会有生还的希望，如果抱有侥幸偷生之心，则可能会被敌人杀死。善于指挥军队打仗的将军，就如同坐在一艘漏水的战船之中，站在房顶着火的屋檐之下，形势十分紧迫，即使有智慧的人也来不及周密谋划，勇猛的人也来不及振奋军威，只能当机立断，勇猛杀敌。因此说，影响指挥打仗的因素中，犹豫不决是最为致命的，全军遭受灾祸，大多都是因为迟疑不决。先秦历史上有许多因为国君或主将犹豫迟疑导致战争失败的例证，最具典型性的大概就是宋国和楚国的泓水之战了。

周襄王九年（前 643 年），春秋第一代霸主齐桓公逝世，齐国内部围绕国君之位发生激烈争夺，进而引发内乱。周襄王十年（前 642 年），宋襄公联合曹国、卫国、邾国领兵攻齐，协助逃往宋国的齐桓公太子吕昭回到齐国继承君位，是为齐孝公。由此，宋襄公的名气大盛。中原地区在齐桓公这位霸主去世之后，陷入群龙无首的混战之中。有鉴于此，楚成王见缝插针，趁机将势力渗透入中原地区，意图争夺霸主地位。

在此大背景下，宋襄公雄心勃勃，不顾宋国国力尚弱的现实，试图以宋国公爵地位压制各诸侯国，继承齐桓公的霸权，成为新一代中原霸主。周襄王十三年（前639年），宋襄公以盟主身份邀请楚成王及陈、蔡、郑、许、曹的国君在盂（今河南睢县）会盟。出发之前，宋襄公的哥哥公子目夷劝说宋襄公带上军队会盟，以防不测，但是被宋襄公以要信守“不带军队”的约定拒绝。宋襄公到达会盟地点之后，以盟主自居，与楚成王发生争执，突然伏兵四起，宋襄公被楚成王的伏兵擒拿，并以其来要挟攻取宋国。宋军坚守都城，楚军攻打数月始终未能攻克。后来，在鲁僖公的调停下，楚成王释放宋襄公回国。

宋襄公回国后，一方面因被楚国羞辱，另一方面因为仍然心怀争霸之心，决定讨伐楚国。周襄王十四年（前638年），因郑国支持楚成王做诸侯霸主，并成为楚国的附国，宋襄公联合卫国、许国、滕国三国进攻郑国。郑国向楚国求救，楚成王派大将成得臣率兵向宋国国都发起攻击，上演了一出“围宋救郑”的大戏。宋襄公担心国中有失，便率师回援，宋、楚两国的军队在泓水（古河流名，故道约在今河南柘城）相遇。宋军抢先到达泓水北岸，列阵以待，楚军抵达泓水南岸，准备渡河与宋军作战。鉴于双方的实力对比悬殊，宋国司马公孙固向宋襄公建议，趁楚军渡河到一半的时候，宋军趁机发起攻击。但是，这时的宋襄公忘记了自己遭受的耻辱，反而开始遵守所谓古军礼，说宋军是仁义之师，“不推人于险，不迫人于阨”，不能乘人之危，从而拒绝了公孙固的提议。当楚军渡过泓水，开始在河边布列阵势，这时候公孙固又劝宋襄公趁楚军列阵未毕打敌人一个措手不及，执迷不悟的宋襄公仍然未能采纳建议。当楚军全部列阵完毕，宋襄公下令向楚军发起攻击，弱小的宋、卫、许、滕四国联军哪里是强大的楚军的对手，经过一阵厮杀，宋军大败，宋军精锐部队被歼灭殆尽，连宋襄公本人也负伤，最后在公孙固等人的拼死保护下，才突出重围，狼狈地逃回宋国。泓水之战，以宋军大败、楚军大胜而告终，宋襄公的争霸中原之梦彻底破碎。本就势力对比悬殊，宋襄公没有抓住地利优势，趁楚军“半渡而击”、列阵未定而击，迂腐地默守陈规，犹豫不决，最终只能成为一则博人一笑的历史笑话。

用兵之法，教戒为先。军事训练是对战争的预演，军事训练水平的高低直接决定战争的成败。吴起特别重视对士卒的军事训练，提出了著名的“用兵之法，教戒为先”的思想。“夫人（当）［常］死其所不能，败其所不便。故用兵之法：教戒为先。一人学战，教成十人；十人学战，教成百人；百人学战，教成千人；千人学战，教成万人；万人学战，教成三军。以近待远，以逸待劳，以饱待饥。圆而方之，坐而起之，行而止之，左而右之，前而后之，分而合之，结而解之。每变皆习，乃授其兵。是为将事。”意思是士卒战死沙场往往是因为缺乏技能，一败涂地是因为没有掌握战法。因此，用兵打仗的方法，首要的就是军事训练。一名士卒学会了战斗的技能，就可以教会十名士卒；十名士卒学会了战斗技能，就可以教会一百名士卒；一百名士卒学会了战斗技能，就可以教会一千名士卒；一千名士卒学会了战斗技能，就可以教会一万名士卒；一万名士卒学会了战斗技能，就可以把整个军队都训练成熟练掌握技能的军队。在战法方面，学会以近待远，以逸待劳，以饱待饥；在阵法方面，学会由圆阵变为方阵，由坐阵变为立阵，由前进变为停止，由向左变成向右，由向前变成向后，由分散队形变为集结队形，由集结队形变为分散队形。每一种变化的阵形都熟悉了，才能授予士卒兵器。这些都是将领应该做的事。春秋战国时期，随着各国战争的日益频繁，为了在战场上取得胜利，各国都十分重视提高军事训练水平，以达到提高战斗力的目的。对此，先秦诸子多有经典论述，孔子说："不教民战，是谓弃之"，"善人教民七年，亦可以即戎矣"。（《论语·子路》）意思是说，"不对百姓进行军事训练而直接让他们上战场作战，就相当于将他们抛弃了一样"，"善于训练的将领训练百姓七年时间，就可以直接让他们作战了"。孟子对于军事训练的重要性更是十分看重，《孟子·告子下》曰："不教民而用之，谓之殃民。殃民者，不容于尧舜之世。一战胜齐，遂有南阳，然且不可。"意思是：不事先对百姓进行军事训练就让他们去作战，这叫作祸害百姓。祸害百姓的人，在尧舜之世也是不能容许的。想要通过一次战斗就战胜齐国，占领南阳，那肯定是不可能的事情。

吴起正是在其治军思想的指导下，才锻造了一支如同"父子兵"一般的魏武卒，在魏国的对外征战中发挥了不可替代的作用。《吴子·图国》记载："与诸侯大战七十六，全胜六十四，余则钧解。辟土四面，拓地千里，皆起之功也。”吴起率领的这支劲旅，与各诸侯国大战七十六次，获得全胜的有六十四次，其余的都是平局。魏国四面开疆拓土达千里之多，全都是吴起和魏武卒的功劳。

“总文武者，军之将也”：吴起论将

吴起作为一名优秀的军事将帅，不但在军事实践方面取得了辉煌战绩，而且将其对于将帅培养的心得总结在了《吴子兵法》中，并专设《论将》篇予以论述，由此可见，吴起对于将帅培养问题高度重视。《论将》篇开宗明义地对将帅的标准予以明确：“夫总文武者，军之将也，兼刚柔者，兵之事也。”能够做到文武兼备，才能担任一军的将帅，能够做到刚柔并济，才能指挥用兵作战。由此可见，文武兼备、刚柔并济是吴起对将帅的总体要求。与一般人强调将帅的勇敢不同，吴起只是将其作为将帅应该具备的基本条件之一，因为单纯地强调勇敢，在作战过程中必定会轻率应战，没有做到权衡利害，这样的将领是不可取的。接下来，吴起对于将帅应该具备的具体条件进行了明确：一是理，二是备，三是果，四是戒，五是约。理即有条理，治理数量众多的军队如同治理数量较少的军队一样有条理；备即预有戒备，部队行动就如同临敌作战一样时刻做好戒备；果即果敢，临阵对敌毫不顾忌自己的生死；戒即慎重，即使打了胜仗也会像刚开战一样慎重，不会骄敌轻战；约即简约，指挥军队能够做到法令简明而不烦琐，避免士卒迷惑。最后，吴起又补充了两点：“受命而不辞，敌破而后言返，将之礼也。”意为将领接受诏命绝不推诿，只有攻破了敌人才考虑班师的事情，这是将帅应该遵守的原则。因此，从带兵出征那一日起，将帅便应该下定决心，只追求战死沙场的荣耀，绝对不遭受苟且偷生的耻辱。与吴起的“理、备、果、戒、约”相比，孙武关于将帅条件的论述则更为全面，《孙子兵法·计篇》曰：“将者，智、信、仁、勇、严也。”关于这五条标准的具体含义，历代诸家都有过不同的解释。杨丙安《十一家注孙子校理》就曾予以记载：王皙解释：“智者，能谋虑，通权变也；信者，号令一也；仁者，惠抚恻隐，得人心也；勇者，徇义不惧，能果毅也；严者，以威严肃众心也。五者相须，缺一不可。”王皙是宋仁宗时人，据晁公武《郡斋读书志》记载，王皙以古本校正阙误，又为之注。王皙认为，智是指将帅能谋略周全、善于权变；信是指将帅能做到号令如一；仁是指将帅安抚士众，具备恻隐之心，能够获得士卒的拥戴；勇是将帅能够向死而生，毫无畏惧；严是指将帅能够用威严的法纪整肃军心。这五个是一个有机统一的整体，缺一不可。张预解释：“智不可乱，信不可欺，仁不可暴，勇不可惧，严不可犯。五德皆备，然后可以为大将。”张预，字公立，冀州东光（今河北东光）人。著有《十七史百将传》。张预所注《孙子兵法》，引战史而不繁芜，辨微索隐而不诡谲，明易通达，成就不在梅尧臣注之下。张预认为，有智谋的将军不会被扰乱，有诚信的将军不会被欺骗，有仁爱的将军不会做暴虐之事，勇敢的将军无所畏惧，威严的将军不可进犯。同时具备了这五条将帅所应有的品德，然后才能担任统兵大将。

论述完将帅应该具备的基本条件之后，吴起又对将帅在用兵作战中的具体问题展开了论述。首先是强调将帅要掌握用兵的四个关键："一曰气机，二曰地机，三曰事机，四曰力机。"一是掌握士气，二是利用地形，三是运用计谋，四是积蓄力量。具体而言，三军之众，百万之师，士气盛衰的关键系于将帅一人之身，这是掌握士气的关键所在；善于利用狭路险道、名山要塞等地利条件，用十名士卒防守，即使千人进攻也不能通过，这是利用地形的关键所在；善于派遣间谍对敌人实施离间之计，派遣轻装部队来回袭扰敌人，以分散敌人的精力，使得敌方君臣离心离德，上下互相指责埋怨，这是运用计谋的关键所在；要将战车的轮轴插销做得十分坚固，船只的橹、桨要做得适用，士卒对战阵十分娴熟，马匹驰骋起来特别熟练，这是积蓄力量的关键所在。只有掌握了这四个关键问题，才可以担任将帅。之后，吴起对将帅的表率作用进行了强调，认为只有将帅本人的威信、品德、仁爱、勇敢都足以作为全军的表率，才能赢得部众的信服，才能安抚士众，威慑敌人，决断疑难。这样的将帅发布的命令，部属只能听从，不敢违背，所到之处，敌人只能投降，不敢抵抗。这样优秀的将帅是十分珍贵的，一个国家得到了这样的将帅，就会强盛，失去这样的将帅，就会陷入危亡之地。这样的将帅才可以称之为良将。

先秦时期，因为通信条件的限制，军队的指挥主要靠鼙鼓金铎、旌旗麾帜来实现，因此，在指挥作战中，为了做到令行禁止，避免陷入混乱，将帅对士卒严格按照鼙鼓金铎、旌旗麾帜所发布的指示而行动十分重视。吴起说，鼙鼓金铎，是用来指挥军队的听觉号令；旌旗麾帜，是用来指挥军队的视觉号令。为了保证听觉号令、视觉号令都能被贯彻执行，吴起认为必须辅之以严格的刑罚，这样才能稳定军心。号令明确，刑罚严格，做到这两点，将领所发布的命令，部众就没有不执行的。将军所指的方向，部众没有不拼死向前的。

鉴于将帅在用兵作战中的地位如此重要，加之“知彼知己”也是用兵作战的重要原则之一，因此，吴起强调在与敌交战之前，必须首先弄清楚敌方将领的具体情况，充分了解他们的才能优长，然后有针对性地采取措施予以应对，因敌制胜，不用费太大力气，就可以在接下来的作战中取得成功。接下来，吴起根据敌将的不同情况区分不同的策略，分别予以应对。如果敌方的将领愚昧不明，而且轻信于人，就可以采取欺骗的手段来引诱他；如果敌方的将领贪图利益甚至不顾名誉，就可以利用丰厚的财物来收买他；如果敌方的将领轻率无谋，轻易改变计划，就可以采取疲敌的手段困住他；如果在敌方将帅的军队中，高级将领富裕而骄横，下级士卒贫穷而怨愤，就可以采取离间的手段分化他们；如果敌方的将领优柔寡断，进退失据，导致部队无所适从，就可以采取威慑的手段吓跑他。在这些平庸无能的将领领导下，敌方的部队必然会出现各种各样的情况，吴起筹划周密，有针对性地提出了应对之策：如果士卒藐视其将领，无心作战而想要返回家乡，可以将其回家的平坦道路堵塞，假装畅通其回家的险阻道路，然后在其经过时利用地利将其拦击消灭；如果敌方军队前进的道路畅通无阻，而撤退的道路十分艰难，就可以采取诱骗的手段将其引入伏兵圈消灭；如果敌方军队前进的道路十分艰难，而撤退的道路畅通无阻，这样的军队无心恋战，可以采取压迫逼近的手段攻击；如果敌人的军队处于低洼潮湿之地，排水之道不畅通，加之大雨连绵，就可以向敌人驻扎之地灌水来淹没敌人；如果敌人的军队处于荒芜的沼泽地，而且经常狂风大作，可以采取火攻的办法消灭敌人；如果敌人的军队长期驻扎在一个地方没有移动，官兵日益懈怠，导致戒备松弛，容易产生疏忽心理，可以采取偷袭的手段消灭敌人。

吴起的上述策略都是建立在已经对敌方将领情况熟知的前提下，可是大多数时候，对于敌人的具体情况，我们无法详细了解甚至一无所知，这种情况如何应对？魏武侯在与吴起的谈话中就提出了这一疑问。针对这一问题，吴起提出了试攻敌人以窥探虚实的方法："令贱而勇者，将轻锐以尝之，务于北，无务于得。观敌之来，一坐一起，其政以理，其追北佯为不及，其见利佯为不知，如此将者，名为智将，勿与战矣。若其众讙哗，旌旗烦乱，其卒自行自止，其兵或纵或横，其追北恐不及，见利恐不得，此为愚将，虽众可获。"意为派出一名勇敢的下级军官，率领轻锐部队去尝试着攻击敌人的营阵，务必要做到败退，而不是为了取胜，以此观察敌军的举动。如果敌人军队每次前进和停止都有条不紊，毫不混乱，追击我方败退的军队假装追不上，看见唾手可得的利益假装不知道，这样的军队的将领可以称之为有智慧的将领，不要与这样的将领交战。如果敌人的军队喧哗吵闹，旗帜纷乱，士卒随意行动，缺乏协调一致性，士卒的武器横七竖八地拿在手里，追击我方的军队唯恐追不上，看见利益唯恐得不到，由此可见，这支军队的将领是愚昧的将领，敌军即使人数再多，我们也可以将敌将擒获。吴起的这一策略被后人所继承，并在实战中得到了很好的应用。代表性的战役即“虎牢之战”。

隋朝末年，群雄并起，争霸天下。李渊从晋阳起兵突袭长安，拥立隋炀帝之孙代王杨侑为帝，自领大丞相，加封“唐王”。王世充占据洛阳，称“郑王”，窦建德占据河北，称“夏王”。武德三年(620年)，已经称帝的唐高祖李渊下诏，命令秦王李世民讨伐王世充。王世充闻唐军来袭，命魏王王弘烈守襄阳（今湖北襄樊），荆王王行本守虎牢，宋王王泰镇守怀州（今河南沁阳），齐王王世恽负责洛阳南城，楚王王世伟守洛阳宝城，太子王玄应守洛阳东城，汉王王玄恕守含嘉（洛阳城北），鲁王王道徇守曜仪（洛阳宫城北），王世充亲自率军作战。然而，唐朝军队势力强大，王世充的军队节节败退，唐军不断蚕食洛阳外围城市，并切断郑军粮草运输线，王世充退守洛阳，向窦建德求救。秦王李世民率领唐军将王世充重重包围，但因洛阳城防御严密，尽管唐军四面攻城，昼夜不停，但是一直未能攻克洛阳城。

窦建德得知王世充被围困后，决定出兵援救洛阳。窦建德一路攻势甚锐，连续攻陷管州、荥阳、阳翟等县，水陆并进，逼近洛阳。

鉴于此形势，众将劝李世民撤退保存实力，以便等待时机再次讨伐王世充。李世民未采纳属下的建议，而是兵分两路，一路由屈突通等人辅助齐王李元吉围困东都，另一路由三千五百人组成的部队则由李世民亲自率领，向东奔赴虎牢关迎战窦建德。

李世民进驻虎牢关之后，唐益州行台左仆射窦轨率领巴、蜀兵马前来与李世民会师，唐军实力有所增强。因唐军据险以守，窦建德在虎牢关受阻，迟迟不能前进，将疲兵怠，人心思归。李世民向北渡过黄河，从南面逼近广武，在侦察敌情的时候，故意留下一千多匹马，在黄河边上放牧，引诱窦建德。窦建德果然上钩，带领军队倾巢而出，从板渚出牛口列战阵，北靠黄河，西临汜水，南连鹊山，连绵二十里，擂鼓前进。李世民见敌人已经上钩，下令唐军按兵不动，随便窦建德的军队怎么挑衅，就是不许应战。夏军排列战阵准备与唐军决一雌雄，从早晨一直到中午，唐军始终不出战。到正午的时候，士卒们已经十分疲惫，因口渴又抢着喝水，随意地坐在地上休息，武器装备横七竖八地放在地上，旌旗纷乱不已。夏军屡次挑战，唐军都不应战，夏军便打算撤退。李世民见时机已经成熟，便下令出击，渡过河水直扑敌营，窦军慌乱之中赶紧列阵，还未站稳，唐军的骑兵已经冲到阵前。李世民率领史大奈、程知节、秦叔宝、宇文歆等人将旌旗卷起，冲入敌阵，从阵后冲出，树立起唐军旗帜。夏军回头看见唐军旗帜在阵后飘扬，以为大营已经被攻占，很快全都陷入崩溃。窦建德在慌乱之中被长枪刺中，被唐车骑将军杨武威活捉，献给李世民。李世民押着窦建德来到洛阳城下，让王世充出来看。王世充见窦建德被活捉，大吃一惊，急忙召集群臣商议。鉴于援兵被灭，窦建德被俘，即使突围恐怕也难以成功，王世充便率领群臣向李世民投降。虎牢之战充分体现了李世民作为统帅，将智谋、勇猛、耐心、果断等才能发挥到了极致，尤其是在虎牢关前采取疲敌等策略，打败援兵，活捉窦建德，随后以战胜之威逼迫王世充不战而降，把唐军本来面对的被动局面转化为有利局面，牢牢地把握住了战争的主导权。虎牢之战，唐军一举平定窦建德、王世充两大集团，统一北方地区，为奠定唐王朝的版图打下了坚实基础。

应变之策：吴起的作战思想

吴起一生战功卓著，与诸侯大战七十六次，其中六十四次获得全胜，剩下的势均力敌。在丰富的作战实践基础上，吴起总结提炼了自己独到的作战思想，这集中体现在《吴子兵法·应变》篇中。所谓“应变”，其实质是吴起对于在具体作战过程中遇到的各种特殊情况的应对之策，以魏文侯问、吴起答的形式具体呈现。

第一种情况是，我军战车坚固，马匹驯良，将领勇敢，士卒强壮，但是因为突然与敌人遭遇，我军战阵混乱不成行列，这个时候应该怎么办？

吴起给出的应对之策是用“旌旗幡麾、金鼓笳笛”迅速指挥军队服从命令，恢复作战队形。吴起对指挥作战的信号工具十分重视，他强调，白天的时候，一般使用旌旗幡麾来指挥军队，夜晚的时候，用金鼓笳笛来指挥军队。在平时的训练中，要让士卒明白：旗帜向左他们就要向左前进，旗帜向右就要向右前进；听到擂鼓声就要前进，听到鸣金声就要停止脚步；第一次吹笳笛就要出动，第二次吹笳笛就要汇合，对于不听从号令的，要将其斩首。经过这样严格的训练，三军将士就会对号令做到畏服，士卒就会听从指挥人员的命令，这样的军队，没有打不败的强敌，没有攻不破的敌阵。

第二种情况是，如果敌我力量对比悬殊，敌人数量多，而我军数量少，应该如何应对？

吴起给出的应对之策是利用地利条件。如果敌人的数量比我军的多，要避免在平坦的地形与敌人作战，而是要利用险要的地形截击敌人。具体而言，如果敌我力量对比是以十击一，最好利用狭隘的道路与其作战；如果敌我力量对比是以百击十，最好利用险要的地形与其作战；如果敌我力量对比是以万击千，最好是利用阻绝地形与其作战。总而言之，如果我军利用少数兵力，对敌人突然发动袭击，在狭隘的道路上击鼓进攻，即使敌人数量再多，我们也不要害怕，不要惊慌骚动。因此，如果我军的兵力比敌人多，务必选择在平坦的地形与敌人作战，如果我军的兵力比敌人少，务必选择险要的地形与敌人作战。吴起的这一应对“敌众我寡”局面的策略，在齐魏马陵之战中得到了很好的应用。

齐魏桂陵之战后，魏国实力受损，但魏国毕竟是中原强国，经过几年的休养生息，很快恢复了元气。商鞅认为秦国的实力暂时不足以与魏国争霸，便建议秦孝公用尊魏为王的计策来麻痹魏惠王，并劝魏惠王先称王，然后渐图齐国、楚国。魏惠王被商鞅忽悠得志得意满，决定先称“夏王”，然后出行的时候摆出天子仪仗，想效法齐桓公九合诸侯。公元前 344 年，魏惠王邀请各诸侯国在逢泽（今河南开封）会盟，并于会盟后朝见周天子，试图以此确立自己“诸侯之伯”的地位。但是，韩国却拒绝参加此次会盟。为了惩罚韩国，公元前343年，魏国发兵攻打韩国。韩魏两国发生激战，韩国战败，固守城池，韩昭侯派出使者向齐国求救。齐国答应韩国的求救，齐威王采用孙膑“深结韩之亲而晚承魏之弊”的主张，与韩结好却不急于发兵，等到韩军五战五败，魏军也被韩军消耗得实力受损之时，才派田忌为主将、孙膑为军师，率领齐军救援韩国。孙膑又采取了桂陵之战的“围魏救赵”之策，发兵直接进攻魏国都城大梁。魏惠王将攻韩的部队召回，并派太子申为主将、庞涓为将军，率兵十万迎击齐军。然而，此次魏军却不是千里回援的疲惫之师，而是预有准备，气势汹汹地向齐军开进，试图洗刷桂陵之败的耻辱，报仇雪恨。孙膑利用魏军求胜心切的心理，利用“减灶之计”引诱魏军轻敌冒进。魏军将领庞涓鉴于上次桂陵之战的教训，起初还小心翼翼地防备再次上了孙膑的当，但是看到齐军锅灶日减，以为齐军胆怯，士卒已经逃亡一大半了，便丢下辎重和步兵，率领轻车锐骑日夜兼程地追击齐军，想要一举全歼齐军，活捉孙膑，以雪前耻。

齐军退至马陵（今河南范县），孙膑见此地道路狭窄，两侧地势险峻，树木茂盛，是个设伏的绝佳之地。鉴于魏军势力强大，孙膑决定利用马陵的地利条件全歼魏军。于是，孙膑让士卒砍伐大树堵住马陵道，并将一棵大树树皮剥去，在树干上写上“庞涓死于此树之下”八个大字，然后从齐军中挑选了一万名弓弩手埋伏在马陵道两侧的山上，利用树木隐匿踪迹。等到天黑之时，庞涓率领魏军追至马陵，发现旁边大树上隐约有字，便下令点起火把去看。这个时候，齐军埋伏的弓弩手万箭齐发，伏兵四起。魏军仓促应战，被齐军弓箭射死人数甚重，庞涓本人也中箭。在齐军的重重包围之中，魏军拼死血战，最终也无法突围，魏将庞涓连遭失败，羞愤自杀。齐军趁势追击魏军主力，双方激战之后，魏军大败，魏军主将太子申都被齐军抓获。魏军十万劲卒悉数被歼。桂陵之战、马陵之战后，魏国元气大伤，从此一蹶不振，齐国则声名鹊起，称霸中原。秦国趁魏国国力衰弱之际，重新东出与魏争夺河西之地，坐收渔翁之利。

魏武侯似乎对吴起的回答不是很信服，接着又提出了一个更难应对的问题：如果敌人的数量众多，既受到良好的训练，又十分勇猛，而且敌人驻扎之处，背靠高山，前临险要，右依山，左临水，深沟高垒，用强劲的弓弩守备，其后退就如同大山移动一样稳当，前进就如同风雨一样急迫，加之敌人的粮草又十分充足，不能与其长久地进行对峙，遇到这样的情况，应该怎么办呢？

吴起也觉得魏武侯有些故意刁难自己，回答说："您提的问题真是一个十分重大的问题。应对这种情况不能仅靠车骑的力量，而必须依靠高明的计谋才能取胜。"然后，吴起给出了自己的具体应对之策：准备十辆战车，骑兵一万人左右，加上配属的步兵，将这些士卒分为五支军队，每支军队负责一个主攻方向，五支军队共担负五个方向的攻击任务。这样划分力量，敌人必然会迷惑不解，不知道我军将要攻击哪个方向。如果敌军据险防守，借以巩固自己的实力，我军就必须派出使者去摸清敌军的真实意图；假如敌人听从我方劝告，撤兵离开，我方也撤兵离开；如果敌人不听使者劝告，反而杀死使者，焚烧我方的书信，我军就分为五路对敌人发起进攻。如果战胜敌人也不要追击，不能战胜敌人就迅速撤回；如果要假装败退引诱敌人，就应该用一支军队稳妥行动去诱敌，另外四支军队，一支牵制敌人的前方，一支断绝敌人的后路，另外两支秘密地行动，分别从左右两侧袭击敌人拒守的要地，五支力量通力合作、协调行动，形成对敌的有利态势，这就是打击强敌的方法。

魏武侯接着又提出一个问题：如果敌人接近我方阵营，逼迫我军与其交战，我军想摆脱敌人却没有可以撤退的出路，军心畏惧，这种情况应该怎么办呢？

吴起给出了两种应对策略：一是如果敌我力量对比敌寡我众，可以分兵将敌人包围；二是如果敌我力量对比敌众我寡，可以集中兵力去突袭敌人，不断进行袭扰，敌人数量再多，也可以将其打败。魏武侯提出的这种情况，最典型的即井陉之战中韩信面临的情况，井陉之战即是对吴起给出的第二种应对策略的完美应用。

公元前205年，韩信率军击灭了魏王豹，平定魏地。北方尚有代（今山西北部）、赵（今河北南部）、燕（今河北北部）三股割据政权。根据当时形势，韩信向刘邦提出进一步开辟北方战场，逐次消灭北方的代、赵、燕三国，然后东击田齐，南绝楚军粮道，对项羽率领的楚军进行侧翼迂回攻击，最终与刘邦会师荥阳的作战计划。刘邦对韩信的计划十分满意，坚决支持。击败代国之后，公元前204年，韩信统领汉军翻越太行山，向东进攻赵国。赵王歇、赵军主帅陈余集结赵军在太行山著名关塞——井陉关进行防守。井陉关是太行山有名的八大隘口之一，背负太行，遥对华北平原，扼晋冀交通咽喉，战略地位十分重要，历来是兵家必争之地。井陉关易守难攻，赵军先行扼守井陉口，居高临下，以逸待劳，且将士数量众多，处于绝对的优势地位，掌握着主动权。韩信带领的汉军数量较少，鉴于敌众我寡的形势，韩信做出如下作战部署：一方面挑选两千名轻骑兵，每人手持一面汉军的红色旗帜，从偏僻的小路绕到赵军大营的侧翼潜伏，伺机偷袭占领赵军大营；另一方面派出一万人担任先锋，趁夜深人静之时渡过绵蔓水（今河北井陉县境内），在东岸背靠河水布列阵势。赵军见汉军背水列阵，都禁不住窃窃哂笑韩信不懂兵法，这无疑是将汉军部署在了“死地”。

天亮之后，韩信大张旗鼓，率领汉军逼近赵军营垒，赵军见汉军数量少，便离开大营与汉军交战。双方激战一会儿之后，韩信假装败退，带领汉军向绵蔓水方向后撤，与部署在此处的部队会合。赵军见汉军后退，紧追不舍，一直追到河边，打算趁机攻击汉军的背水阵，全歼汉军。正所谓“兵士甚陷则不惧，无所往则固，深入则拘，不得已则斗”，汉军的士卒见前有强敌，后无退路，反而个个拼死血战，赵军进攻的势头被挡了回去。正当双方僵持不下的时候，韩信事先派出埋伏在赵军大营两侧的两千名轻骑兵趁着赵军大营空虚之际，突然出击，占领赵军大营。紧接着，他们迅速拔下赵军的旗帜，将事先携带的汉军旗帜插满赵军大营，一时间汉军的红色旗帜在赵军大营迎风招展。正在与汉军交战的赵军士卒回头看见自己的大营已经插满汉军的红色旗帜，知道大营已经被占领，进退失据，顿时十分惊恐，纷纷陷入混乱之中，四处逃散。汉军趁此时机前后夹击，猛攻赵军，将其退路截断，全面反击赵军。赵军仓皇向泜水（今河北获鹿）方向败退，结果被汉军主力追击，最后全部被歼，陈余被杀，赵王歇和李左车束手就擒。井陉之战中，汉军消灭了北方地区最为强劲的一个对手，扭转了楚汉战争的整个局面。同时，韩信创造性地运用兵法，生动地诠释了兵法“运用之妙，存乎一心”的精髓，为后人留下了宝贵的启示。

接下来，魏武侯又向吴起询问了在几种特殊的地形与敌人交战的情况，吴起一一作答，提出了自己的应对之策。

第一种情形是，在溪谷之间与敌人遭遇，两旁都是险要的地形，而且敌我力量对比是敌众我寡，这种情况如何应对？

吴起首先提出在这种地形条件下行军的一般原则，即遇到丘陵、森林、谷地、深山、大泽等不利地形，应该迅速通过，不能停留。然而，如果在这种地形与敌人遭遇，首先必须营造声势，威吓敌人。因为受地形限制，敌人也不知道我军的数量多少。通过击鼓呐喊等手段，可以营造出我军人数众多的假象，然后趁势冲击敌人，再将弓弩手等调派到队伍前面，一面戒备敌人反击，一面思考接下来的应对之策。如果敌人在我军的冲击下阵势陷入混乱，就应该毫不迟疑地趁敌军阵形混乱之时发起全面进攻，从而打败敌人。

第二种情形是，在左右是高山的狭隘地形突然与敌人遭遇，既不敢进攻敌人，又不敢撤退，这种情况如何应对？

吴起将这种情况下发生的战斗称之为“谷地战”，认为在这种地形作战，兵力再多也发挥不了作用。因此，应当挑选精锐力量与敌人对抗相持，选拔轻捷善走的士卒手持锐器担任先锋，把车骑分散隐藏在四周，与前锋部队相距几里路，不要轻易暴露我军的实力。遇到这种情形，敌军必然也会选择坚守阵地，既不敢前进，也不敢后退。这个时候，我军派出一小股部队张列旗帜，行进至山外，以此迷惑敌人，敌人因不明情况，必然会感到恐惧，然后派出车骑向敌人挑战，使得敌人不能休息。这些就是与敌人在谷地交战的方法。

第三种情形是，我军与敌军在大水汇聚之处相遇，因为水势很大，都倾陷了车轮，淹没了车辕，车骑随时都有被洪水淹没冲走的危险，我军又没有准备船只，前进后退均十分困难，这种情况应该如何应对？

吴起将这种情况下发生的战斗称之为“水战”，遇到这种情况，车骑是发挥不了作用的，而且容易造成损失，因此，应该把它们留在岸边。然后，选择一处高地登高望远，观察四周，务必弄清洪水的情况，了解水面的宽窄，探明洪水的深浅，详细掌握了这些情况，才能够出奇制胜。敌人如果渡水对我军发起攻击，就趁其渡到一半的时候向其发起攻击，将其打败。

第四种情形是，遇到阴雨连绵的天气，车马难以通行，我军四面遭遇敌人，全军将士十分惶恐，这种情况应该如何应对？

吴起针对这种情形提出的应对之策似乎有些避重就轻，只是论述了战车的作战问题。吴起认为，凡是使用战车作战的，如果遇到阴雨天气，道路泥泞，就应该停止行动，等到天气晴朗、道路干爽的时候再行动。在行军过程中，要选择高处的道路，避开低处的道路。要让战车行动迅速，无论前进还是停止，都必须利用道路。如果敌人也使用战车作战，我军可以沿着敌人战车的车辙前进。

第五种情形是，势力强盛的敌人突然袭来，为了补充给养，掠夺我方的庄稼，抢劫我方的牛羊，这种情况应该如何应对？

吴起给出的应对之策是不要与其正面抗衡，等到其抢掠完毕撤退的过程中伺机追击，以求歼灭敌人。当强大的敌人到来时，因为其力量强大，我军必须采取严加防守的策略，不能与强大的敌人正面抗衡。等到敌人掠夺完毕，打算撤退之时，敌人的车辆必然满载粮食物资，十分沉重，行动迟缓，而且怕我军追击偷袭，必然内心充满恐惧，想要迅速地撤退回自己的营阵。这个时候就很容易发生前后军失去联系的情况，我方军队要趁机对撤退的敌人进行追击，进而将敌人歼灭。

针对敌人这种不得人心的举动，吴起向魏武侯提出了自己的原则：一般情况下，攻击敌人城池应当遵守以下原则，即敌人城邑如果被攻破，我军就应当迅速占领敌方的官府，控制和利用原来的官吏，将敌方的物资予以没收。但是，我方军队所到之处，不准砍伐树木、毁坏房屋、擅取粮食、宰杀牲畜、焚烧仓库，要以这种仁义之举表明我军对普通民众没有残暴之心，从而减少敌人的反抗。如果敌人有主动请降的，应该允许并对其进行安抚。由此可见，吴起率领的是一支“仁义之师”。

励士之功：乐战而死

在许多人看来，吴起治军、指挥作战之所以厉害的一个很重要的原因即军纪严明、赏罚有信。然而，吴起已经超越了单纯地依靠军规法纪来约束军队的层次，他变将士被动作战为主动奔赴沙场，这与其“励士”思想是密不可分的。魏武侯曾这样向吴起提问：“是不是做到赏罚严明就可以打胜仗了?”吴起回答：“赏罚严明固然很重要，但是不能完全依靠赏罚来约束军队。最重要的是要做到三点：听到国家发布的号令，人们乐于听从；国家要出兵打仗，人们乐于参战；在沙场冲锋陷阵，人们乐于为国捐躯。国君如果能让本国的百姓做到这三点，就可以依靠百姓无往而不胜。”

魏武侯觉得吴起说得很有道理，又接着提问：“那么，怎样才能做到这三点呢?”吴起回答：“您选拔有功的人员，然后举办盛大的宴会款待他们，这样既能激励有功人员，对无功的人也是一种勉励。”于是，魏武侯就听从吴起的建议，在庙堂之上设宴，分三排宴请士大夫。立有上等功的人员坐在第一排，使用珍贵的餐具，享受上等的酒席，猪、牛、羊三牢齐备；立有次等功的人员坐在第二排，使用的餐具、享受的酒席稍微差一点；没有功劳的人员坐在第三排，只有酒席，没有贵重的餐具。等到宴会完毕，魏武侯又在庙堂之外赏赐有功人员的父母妻子，也分别按照功劳的大小列队。对于死难将士的家属，每年派专人前去慰问，对他们的父母进行赏赐，以示国家永远铭记他们的功劳。

吴起的“励士”之策实质上是一种荣誉激励，它已经超越了简单的赏罚层次，而是通过一系列荣誉使得魏国的士卒明白“为谁而战”的问题，从而由内心深处生发出对国家、对百姓、对家庭的一种义不容辞的责任感、使命感，这种深深植根于灵魂深处的荣誉感才是最牢固、最长久的。吴起的“励士”之策在魏国实行三年之后，秦国发兵进逼魏国河西地区边境，魏国的士卒听闻这一消息后，还没有接到上级的命令，自动穿戴盔甲准备奔赴沙场奋勇杀敌的人就已经数以万计。魏武侯十分高兴，召见吴起对他说：“您以前教给我的激励士卒的方法，现在见到成效了。”

吴起对魏武侯说：“每个人都有长处有短处，士气也一样，有盛有衰。您不妨尝试一下，派五万名没有立过战功的士卒随我出征去抵抗秦军的入侵。当然，如果不能战胜秦国，就会被诸侯们讥笑，魏国的权威就会丧失。但是，我不会让这种情况发生的，所以我敢去尝试。譬如现在有一个犯了死罪的盗贼，隐藏在荒郊的旷野之中，官府派出一千个人去追捕他，没有一个人会不瞻前顾后。原因何在？就是怕这名盗贼突然跳出来伤害自己。由此可见，一个人敢于拼命，都可以让一千个人感到畏惧。何况我们现在拥有五万名像那个盗贼一样敢于拼命的士卒，我率领他们去征讨秦军，敌人就无法阻挡。”魏武侯觉得吴起说得很有道理，便派了五万名没有立过战功的士卒给吴起。当然，为了以防万一，魏武侯还加派了五百辆战车、三十匹战马随吴起出征。在作战的前一天，吴起对三军发布命令说：“众将士们，你们应当听从命令去同敌人拼死战斗，无论是车兵、骑兵还是步兵，如果车兵不能缴获敌人的战车，骑兵不能俘虏敌人的骑兵，步兵不能俘虏敌人的步兵，即使打败敌人，也不能算有功劳。”到了正式作战的那一天，吴起发布的号令不多，但是却以五万人大破五十万秦军，战果辉煌，威震天下，在实战中有力地验证了“励士”之策的良好效果。

在古代军事史上，还有另外一名优秀将领也对“励士”问题十分重视，并对吴起的“励士”思想进行了丰富完善，且经受了实战的检验，他就是一代名将、著名抗倭将领戚继光。戚继光建立的“戚家军”之所以深受百姓爱戴，与戚继光“保御生民，捍卫内地”的建军宗旨是分不开的。正如戚继光所言：“臣之用南人，所以得其死力，一呼数万而莫后，去家万里而不辞，杖戮犯者而不怨，是岂真为升合之养乎？盖有大义存焉。”这种贯通古今的、深植于血脉灵魂的“大义”正是贯穿戚继光建军思想的灵魂，这种大义是霍去病的“匈奴未灭，何以家为”，是诸葛亮的“鞠躬尽瘁，死而后已”，是王阳明的“单留一片报国丹心”，是戚继光的“尽分以为心，安民以为志”，“一心只从民社上起念”的为国为民的忠诚之心、仁爱之心。

嘉靖三十五年（1556年）七月，戚继光被任命为宁、绍、台参将。经过几次战斗的检验，他深感浙江卫所军队缺乏训练，难以凭恃，而远调客兵又有诸多弊端。因而，戚继光坚决主张选练浙兵，以浙人守浙土。在《任临观请创立兵营公移》《练浙兵议》中，戚继光指出，“杀贼、练兵，可以并行不悖”，并坚定地认为，浙兵是可以被训练出来的，“况十室之邑，必有忠信；堂堂全浙，岂无材勇?”主张选募三千人，经过三年时间的训练，“简戎兵，诘器具，明部伍，肃营阵，教艺有成”，便足以御敌，浙江主兵练成之后，客兵便可以罢去，从而节省数倍的军费。戚继光听闻义乌地区的矿徒、农民为了保护县邑的矿藏，与他人发生大规模械斗，“人奋荆棘御之，暴骨盈野”，戚继光很欣赏这些人的“敌忾”之气以及“慓而自轻”的习气，奉胡宗宪之命前往义乌县选募士卒。总督胡宗宪于是罢去戚继光所统率的旧兵，予以便宜行事之权，命戚继光与义乌县令赵大河一起选募军队。募兵完成后，经过一系列的全面训练，这支军队变成了一支纪律严明、作战勇敢、技能精湛、精诚团结的精锐之师、节制之师、仁义之师。

从士卒参军入伍开始，戚继光就对他们进行爱民教育，“兵是杀贼的东西，贼是杀百姓的东西。百姓们岂是不要你们去杀贼?设使你们果肯杀贼，守军法，不挠害，他如何不奉承你们?”“凡你们当兵之日，虽刮风下雨，袖手高坐，也少不得你一日三分。这银分毫都是官府征派你地方百姓办纳来的。你在家哪个不是耕种的百姓，你肯思量在家种田时办纳的苦楚、艰难，即当思量今日食银容易，又不用你耕种担作，养了一年，不过望你一二阵杀胜。你不肯杀贼保障他，养你何用?”通过对士卒讲明这些道理，从而激发他们奋勇杀敌、保障生民的昂扬斗志。戚继光特别重视对战死沙场的烈士的褒扬及对其家属的抚恤。在戚继光的文集《止止堂集》中，有多篇其亲手撰写的祭奠阵亡士卒的祭文，如《祭龙山所阵亡兵》《祭松海阵亡义兵》《祭蔡丕岭阵亡将士》等。为了纪念这些烈士的抗倭功勋，戚继光协调地方督抚为阵亡将士建立祠堂，如福建的彰义祠就是为纪念在抗击倭寇、保卫福建战斗中死难的烈士而建。

经过戚继光的精心训练，戚家军在东南沿海的抗倭战斗中勇敢善战、不畏强敌、视死如归，迸发出极强的战斗力。在花街之战、横屿之战、仙游之战等战斗中，面对数倍于己的倭寇，戚家军勇往直前，绝不退缩，其高昂的士气和过人的胆识让一向凶悍的倭寇目瞪口呆，倭寇被戚家军杀得丢盔弃甲。戚家军声名远播，戚继光被称为“戚老虎”，只要是有戚家军驻守的地方，倭寇便避而远之，不敢轻易进犯。在后来的万历援朝战争中，按照戚继光兵法训练出来的“南兵”作为一支主要力量参与了平壤之战，在攻城战斗中，吴惟忠率领“南兵”表现出极大的勇气，在倭寇的枪林弹雨和火炮矢石中率先登上了城墙，给朝鲜国王和军队以极大的震撼。

下编

谋略运用

将鲁攻齐

吴起在师从曾参学习儒学的时候，与鲁国的相国公孙仪相识，二人相处得十分融洽，经常有往来。后来，吴起学习兵法，也经常与公孙仪交流学习心得，公孙仪深感吴起胸有韬略，精通兵法，是一位难得的将才，便将其引荐给当时鲁国的国君——鲁穆公。鲁穆公封吴起为大夫。

齐国是春秋战国时期的大国，国力强盛，齐桓公时期，九合诸侯，“尊王攘夷”，齐桓公成为春秋时期第一位霸主。鲁国与齐国毗邻，在当时诸侯互相征伐兼并的大背景下，两国也经常因各种矛盾发生冲突，甚至兵戎相见，发生战争。鲁国与齐国相比，疆域与国力均处于相对劣势地位。因此，齐国经常对鲁国发起攻击，不断侵占其国土和百姓。公元前 412 年，齐宣公再次派兵入侵鲁国，面对齐国大兵压境，鲁穆公十分着急。鲁国国相公孙仪向鲁穆公推荐精通兵法的吴起担任将军，率领鲁军迎战齐军。鲁穆公对吴起十分赏识，便愉快地答应了，但是后来又犹豫不决。因为吴起的妻子是齐国贵族田氏的女子，此战毕竟关系鲁国的生死存亡，鲁穆公担心吴起担任主将，会受其齐国妻子的影响，从而给鲁国带来不利的后果。

吴起得知这一消息后，为了打消鲁穆公的疑虑，便回到府邸将自己的妻子杀死，以换取鲁穆公的信任。吴起杀妻求将的事情很快在鲁国流传开，鲁国举国上下为之惊叹。吴起最终得偿所愿，鲁穆公任命他为主将，率领鲁军迎战齐军。当时齐国的国君是齐宣公，他是姜姓齐国的倒数第二位国君，当时齐国的军政大权其实已经被田氏家族掌控。此次攻打鲁国的齐国将领是田和，也就是后来第一位田氏齐君。往常齐国讨伐鲁国，基本上都会从泰山通道发起攻击，鲁国只要扼守泰山的各条要道，齐国就无计可施。然而，此次齐国却绕道从鲁国南部发起攻击，而且兵力达八万之多。鲁国上下都为齐国的进攻捏了一把汗。身负重任的吴起受命带领鲁军出战之后，迅速整顿军队，严明法纪，做好一应战备工作。为了使鲁军上下齐心，吴起做出了很好的表率。在行军过程中，与士卒同甘共苦，卧不设席，行不骑乘，赢得了士卒的真诚拥戴，士卒纷纷表示愿意在吴起的带领下为鲁国拼死一战。

吴起了解齐国的政局，明白田和此次大举攻鲁是为了树立威信，为将来代齐积累资本。为了麻痹齐军主将田和，吴起故意派出使者向田和求和。田和见吴起主动示好，便派出部将张丑前往鲁军探听虚实。吴起盛情招待了张丑，说自己本来就是齐国的女婿，之所以杀妻求将，是受了他人的离间之计，其实他的妻子是病亡的。吴起与张丑把酒言欢，把张丑款待得十分高兴。张丑回到齐营后，向田和禀报，吴起次日将亲自前来商谈和谈事宜。于是，齐军便准备接待吴起前来和谈，放松了警惕。当天晚上，吴起趁齐军防备松懈之际，率领两万鲁军突袭齐军大营，在迅速夺取几座大营之后，吴起命令属下大张声势，以迷惑齐军，在齐营中营造恐慌混乱的氛围。田和本就无心作战，又怕损失齐军，于是下令命齐军撤退。吴起趁势追击，将齐军杀得丢盔弃甲，尸横遍野。战后，吴起率领鲁军凯旋，鲁国百姓夹道欢迎。吴起一战成名，被鲁穆公封为上卿。然而，吴起的功勋引起了鲁国一些人的嫉妒，有人散布谣言毁谤吴起，说吴起为人残忍，在他年少的时候，家里的财富积累得有千金之多，吴起外出求官，花费甚多，导致家庭破落，乡里的邻居嘲笑他，结果吴起就把诽谤他的三十多个人全部杀死，从卫国的东门逃出。在与其母亲告别时，吴起咬臂出血，立下誓言，如果不担任卿相之职，绝对不会返回卫国。后来，吴起师从曾参学习儒学。过了一段时间，吴起的母亲去世，吴起因为当初的誓言，最终还是没有回卫国奔丧。曾参知道此事之后，十分看不惯吴起的所作所为，与吴起断绝了师徒关系，将其逐出师门。因此，吴起才到了鲁国。如今，吴起为了当上鲁军主帅而残忍地杀死了自己的妻子，如此残忍的人，将来肯定会为了自己的利益背叛鲁国，做出对鲁国不利的事情。鲁穆公听信了这些谗言后，便对吴起产生了怀疑。听闻魏文侯招贤纳士，吴起迫不得已，便前往魏国投奔魏文侯。

将魏攻秦

吴起到魏国后，在魏相翟璜的举荐下，被魏文侯任命为河西地区攻秦的主将。魏国是三家分晋之后建立的诸侯国，北边是强大的赵国，东边是日益强盛的齐国，西边是一河之隔的秦国，南边是虎视眈眈的楚国。魏国地处中央，缺乏地理屏障，是典型的“四战之国”，魏国要想不被蚕食，必须打破封锁，向外发展。魏文侯即位之后，深感魏国地缘环境比较特殊，有着强烈的忧患意识，加之魏文侯也是一代英主，雄心勃勃，因此，魏文侯成为战国时期最早推行变法图强的国君。在政治上，魏文侯任命李悝、翟璜为相，革新政治，改革魏国的弊政；军事上，任命乐羊、吴起等为将军，不断向外扩张。经过魏文侯变法图强，魏国的实力日益强盛，呈现出蒸蒸日上的景象。正是在这样的背景下，吴起被魏文侯任命为主将，负责与秦国作战。

由于赵国主要扩张的方向在北面，韩国扩张的目标是南面的郑国，魏国便将扩张的目标指向了西面的秦国。在吴起担任主将之前，魏国就与秦国在河西地区发生过激烈争夺。

公元前419年，魏国的军队渡过黄河，在少梁（今陕西韩城西南）筑造城池，以便屯兵积粮，将其作为进攻秦国的前沿军事阵地。面对魏军的入侵，秦国迅速组织力量进行反击，双方围绕少梁展开激烈争夺，最终，魏军成功地占领了少梁这一重要的战略据点。秦军为了应对魏军蚕食，一边继续围攻少梁，一边开始在黄河沿岸建造防御工事，防止更多的魏军渡过黄河进犯秦国。

吴起担任主将之后，很快扭转了魏国在河西地区与秦相持的局面。

公元前413年，站稳脚跟的魏军在吴起的率领下战胜秦军，冲破秦军的河西防线。之后，吴起趁势长驱直入，直扑秦国腹地，魏军的势力一直深入至渭河平原的咽喉要地郑（陕西华县），秦国举国上下陷入惊恐之中。因为郑的地理位置十分重要，一旦被魏军攻克，魏军就将毫无阻挡地进入渭河平原。控制了这一地区，就是控制了秦国粮食的主要生产基地。渭河平原一片坦途，无险可守，魏军兵锋可以直指秦国都城雍城，秦国甚至有灭国危险。为了阻挡魏军的攻势，秦国国君秦简公一方面调集重兵对郑地进行严防死守，坚决不让魏军攻克这一战略要地；另一方面，派出使者紧急请求楚国、齐国出兵攻击魏国。齐宣公和楚简王接到秦国的求助后，见有利可图，便趁魏国主力集中在秦国之际，迅速地派出兵力抢占了魏国的几块飞地。秦简公见齐、楚出兵牵制魏国，针对吴起长驱直入、后援难继的情况，便下令西河防线的秦军切断吴起的退路，与防守郑地的秦军一起夹击吴起率领的魏军。魏文侯颇具战略眼光，深知齐宣公和楚简王出兵是为了牵制河西地区的魏军，对于被占领的几块飞地并不在意，而是命令吴起继续攻秦。吴起在郑地与秦军展开激战，秦军战败，魏军大胜。在这一有利战略态势下，魏文侯任命太子击（魏击）率领黄河东岸的魏军渡过黄河，攻击秦国的军事重镇繁、庞（今陕西韩城东南）二地，占领土地，并将两地的秦国百姓迁往魏国。秦军在西河部署的防线被魏军彻底撕破，大批魏军开始进入秦国境内。为了巩固在河西地区（今陕西洛河、黄河与渭河间的大片三角地）的有利态势，吴起决定对秦国在这一地区的军事据点发起进攻，将其一一拔除。

公元409年，吴起带领魏军攻克秦国的临晋（即王城，今陕西大荔东南）、元里（今陕西澄城东南）两座城邑，并在临晋筑城。公元前408年，吴起再次率军攻打秦国，一直打到郑县（今陕西华县），攻克洛阴（今陕西大荔西南）、郃阳（今陕西合阳东南），并在洛阴筑城屯兵驻守。至此，加上公元前412年被魏太子魏击占领的繁、庞二地，魏国彻底占领了本来属于秦国的河西地区，并在此地设立西河郡。除此之外，吴起还向北夺取了大片戎狄少数民族地区的土地，魏文侯在占领的土地上设置了上郡（今陕西境内洛河以东、黄梁河以北、子长以南）。与此同时，魏国还占领了陕邑（今河南三门峡西），控制了秦国与中原地区的交通要道。

面对魏国咄咄逼人的攻势，秦军奋力抵抗，奈何因当时秦国国内政治腐败，国力贫弱，军力不张，只能不断被压制，最终被压迫至洛水以西，只好沿着洛水构筑防御工事。为了防止秦国反击，魏文侯下令沿洛水东岸修筑了一条长城，南端越过渭水与阴晋相连，北端到达雕阴城（今陕西甘泉南）以西。秦国河西地区的丢失，斩断了秦国东出的触角，成为秦国几代国君的噩梦。秦国被魏国牢牢地压制在洛水以西近二十年，秦国长时间不能与中原交流，魏国则利用地利优势，牢牢地掌控东西交通要道，利用其垄断地位从中攫取暴利，国家日益富强，军力日益强大。而秦国只有默默地固守西隅，蓄势待发。

镇守河西

在进攻秦国河西地区的战斗中，吴起显示出过人的军事才能，为魏国占据河西战略要地做出了突出贡献。因此，河西地区纳入魏国版图之后，魏文侯任命吴起为西河郡守。吴起担任西河郡守之后，励精图治，向孔子著名弟子子夏学习儒家思想，体悟安民爱民之道。为了进一步增强魏国的军事实力，吴起对魏国的兵制进行了改革，创立了武卒制。具体来说，就是将魏国原来的动员兵制改为募兵制，实现兵农分离。募兵制的实施，使得军队更加专业化，以职业化的军队替代战时的临时动员，必然会极大地提高军队的战斗力。武卒制的核心要义是精兵制胜，以经过严格选拔和训练的精锐士兵组成魏国的精锐之师。关于魏武卒的选拔标准，前文中已经明确，可以说是十分严格的。经过精挑细选选拔出来的士卒，被吴起按照新的军制编制，五人为伍，设伍长一人，二伍为什，设什长一人，五什为屯，设屯长一人，二屯为百，设百将一人，五百人，设五百主一人，一千人，设二五百主一人。在对敌作战的时候，还可以根据实际需要灵活编制，派一名将军进行指挥。魏武卒的这种编制，具有很强的灵活性，便于指挥，能够达到如“臂之使指”的效果。

编制完成之后，在“兵必以教戒为先”思想的指导下，吴起又对魏武卒进行了严格的训练，训练的内容包括单兵技艺训练、阵法训练、编队训练以及联络记号训练等。“一人学战，教成十人；十人学战，教成百人；百人学战，教成千人；千人学战，教成万人；万人学战，教成三军。”经过吴起的严格训练，魏国很快建立起一支“居有礼，动有威，进不可挡，退不可追”的精锐之师。此外，为了防止秦军的反攻，吴起在西河郡修筑了吴城（今山西孝义西南）。

在吴起担任西河郡守时，还有一则有趣的逸事。当时，秦国在靠近魏国的边境建造了一座岗亭，便于观察魏国的动静。这个岗亭周边都是魏国的良田，魏国的百姓种田时经常会遭到秦军的骚扰，但是区区一个岗亭，又不值得调动魏军大部队去攻打。于是，吴起就想了一个办法。首先，他下令在北城门放了一根车辕，然后向百姓宣布，谁能够把车辕搬到南城门，就可以赏赐给其上等的田地和住宅。起初，大家都表示怀疑，这么简单的事儿有这么丰厚的奖赏，肯定是忽悠人的，便没有人去搬动这根车辕。后来，有一个人忍不住去试着将车辕搬到了南门，吴起立即下令兑现诺言，赐给此人上等的田地和住宅。其他人看到后，都为自己没有去搬动车辕而感到后悔不已。过了一段时间，吴起又下令将一石红豆放在东城门外，向百姓宣布，谁能够将这石红豆搬到西门，也会受到像上次一样的赏赐。百姓们鉴于上次的教训，争先恐后地抢着将红豆搬到西门。吴起见时机已经成熟，便向百姓发布命令说：“明天我们要拔掉那座经常危害魏国百姓的岗亭，如果谁能够冲锋陷阵，拿下那座岗亭，就任命他做大夫，并赏赐给他上等的田地和住宅。”百姓们知道吴起讲信用，蜂拥而上，一个早上的时间就攻占了秦国的岗亭，拔掉了这个边境地区的据点。一方面，吴起在百姓中树立了威信，另一方面，还不用大动干戈，就将秦国的岗亭予以摧毁，一举两得，充分体现了吴起过人的智慧。

秦国失去河西战略要地，秦军退守洛水一带，其安全受到了严重的威胁。被压制的秦国不甘于困守一隅，经过数年的休养生息后，向魏国发动几次反击，与魏国争夺河西地区。周安王元年（前401年），秦国开始进攻魏国，一路攻打到魏国阳孤。周安王十二年（前390年），秦国与魏国在武城（今陕西华县东）交战，秦国企图夺回河西故地，魏国军队则严防死守，力图遏制秦军复仇。双方展开激烈战斗，互有胜负。周安王十三年（前389年），秦惠公见河西地区有名将吴起防守，久攻不下，便开始转移进攻目标，举全国之力调集超过50万秦军，大举进攻秦国东出通道上的战略要地——阴晋。秦军数量众多，阴晋陷入危机之中。

在此之前，吴起不断地在河西地区训练魏国的军队，并且建议魏武侯实行“励士之策”，具体内容在《励士之功：乐战而死》中已经有详细介绍。魏武侯听从吴起的建议，将励士之策在魏国实行了三年。此时，正逢秦国进攻阴晋，听到这一消息后，没等国君下达作战命令，魏军立即有数万士兵不待命令自行穿戴甲胄，要求出兵作战。面对秦国的五十万大军，吴起请魏武侯派五万名没有立过功的步兵，由自己亲自率领反击秦军。魏军虽然数量少，但都是经过严格选拔和精心训练的精锐士卒，反观秦军，虽然数量众多，但大多是简单武装的秦国农民，战斗力很差。吴起率领五万魏武卒在秦军中来回穿插，多次击穿敌阵，五十万秦军被魏武卒打得大败而归。此次战斗，吴起以 1∶10 的兵力以少胜多，取得了辉煌的胜利，成为中国古代军事史上著名的以少胜多的战例。此次战斗，魏国成功保卫了河西地区，秦国不但没有收复河西失地，还损失惨重，在诸侯中的威望一落千丈，秦国深以为耻。直到秦献公即位后，又展开了新一轮对魏国的战争。

与相论功

吴起是一个功名心很重的人，我们从其外出求官，将家中积累的千金散尽，以及在鲁国时为了担任主将，残忍地将妻子杀死就可以看出来。最初，吴起到魏国投奔魏文侯时，魏文侯就曾询问李克：“吴起是一个什么样的人呢?”李克回答说：“起贪而好色，然用兵司马穰苴不能过也。”于是，魏文侯任命吴起为将军，让其率兵攻击秦国。关于李克所言吴起之“贪”，《史记索隐》按，王劭云：“此李克言吴起贪。下文云‘魏文侯知起廉，尽能得士心’，又公叔之仆称起‘为人节廉’，岂前贪而后廉，何言之相反也?”今按：“李克言起贪者，起本家累千金，破产求仕，非实贪也；盖言贪者，是贪荣名耳，故母死不赴，杀妻将鲁是也。”司马贞在《史记索隐》中的解释可谓十分中肯，一语中的，指出了吴起贪图功名的本性。

吴起在魏国战功卓著，为魏国立下了不朽功勋。吴起在担任西河郡守期间，励精图治，安抚百姓，发展经济，恢复生产，西河在吴起的治理下呈现出勃勃生机，国泰民安，充分凸显了吴起不但是一名优秀的军事统帅，而且在治国理政方面也颇具才能。功名心颇重的吴起必然希望自己可以有更高的平台，比如担任魏国的相国，以充分发挥自己的政治、军事才能，为魏国的争霸事业立下赫赫功绩。

魏文侯去世之后，太子魏击继位，是为魏武侯。与魏文侯相比，魏武侯与吴起的关系并不十分牢固，况且吴起战功赫赫，引起了魏武侯的忌惮。因此，魏武侯任命田文担任魏国国相一职。这个田文与战国四公子之一的孟尝君同名，但是两个不同的人，其早年事迹不详。田文担任魏国国相，让本来对国相一职志在必得的吴起大为失望，心中颇为不服。于是，就有了《史记》中记载的吴起与田文论功的事情。

《史记》的语言虽然平实，但是我们可以从字里行间揣摩当时吴起的愤愤不平。吴起对魏相田文说："我想跟您论论谁的功劳大，可以吧?"田文说："可以。"吴起说："率领三军出征，能够使士卒乐意为国死战，敌国不敢产生进犯我的图谋，你和我相比谁更厉害?"田文回答说："我不如你。"吴起接着问："治理百官，安抚百姓，使府库充盈，你和我相比谁更厉害?"田文回答说："我不如你。"吴起又接着问："防守西河郡，使得秦军不敢东出，韩国、赵国纷纷顺从，你和我相比谁更厉害?"田文回答说："我不如你。"吴起见田文并没有跟自己辩论，就直接质问道："在这三方面，你都比不上我，但是现在你的官位却居于我之上，凭什么呢?"田文回答说："国君年少，国人疑虑，大臣未曾亲附，百姓未曾信服。在这样的情况下，国君是应该把政事交给你，还是应该交给我呢?"田文这个人生平事迹虽然不详，但是从这几句简单的话语中就可以看出此人绝对不简单。尤其是“主少国疑”直接抓住了要害，给本来还愤愤不平的吴起直接泼了一盆凉水，宛如醍醐灌顶。吴起陷入了深深的思索之中，自己这么多年一直沉迷于积累政治资本，想要谋取高位，却忽略了功高震主这一亘古不变的真理。吴起沉默了很久之后，才回答了田文的问题，说：“应该将政事交给您。”田文见吴起已经明白其中的道理，便意味深长地对吴起说：“这就是我的官位居于你之上的原因啊!”吴起明白了自己之所以比不上田文，差距不是在军功，也不是在治国理政的才能，而是在政治谋略方面。

与国相田文的一番论功，不但让吴起明白了自己不能担任国相的原因，而且也在他心中埋下了“功高震主”的恐惧种子。虽然此后吴起谨言慎行，但还是陷入了被别人离间的陷阱之中，最终被迫再次踏上逃亡之路。

公叔离间

田文死后，公叔痤继任魏国相国，并迎娶了魏国的公主。公叔痤有知人之明，但是器量不大。当时公叔痤虽然已经当上了相国，但是鉴于西河郡守吴起的赫赫战功，以及其在朝野和百姓之中的威望，生怕其会威胁到自己的相位，因此公叔痤对吴起十分忌惮。

公叔痤的一个仆人向他进献了一个陷害吴起的计策。仆人对公叔痤说："吴起为人有节操，特别看重自己的声誉，您可以先向武侯进言，就说吴起是一个贤明有才能的人，而我们魏国只是侯爵一级的小国，而且与强大的秦国接壤，恐怕吴起不会长期留在魏国，而是别有他图。武侯必然会问您应该怎么办，您就趁机向武侯进言，国君可以把一位公主嫁给吴起，通过这个方法来试探吴起，如果他想长期留在魏国，必然会答应；如果吴起推辞拒绝，那就说明他别有所图。武侯同意后，您就把吴起邀请到府上，让夫人故意当着吴起的面发怒轻慢您。吴起看到公主竟然那样轻贱您，必然心有不满。等到武侯赐婚的时候，吴起怕自己也像您一样被公主轻慢，就会推辞，不接受武侯的赐婚，这样您就可以达到目的了。"

公叔痤觉得仆人的计策好，便依计行事。可怜吴起对魏武侯以赐婚来试探他的计策毫不知情，只是一想到公主轻慢国相的情形，自己就心里不是滋味，便辞谢了魏武侯的好意。然而，这就正中公叔痤的下怀，在魏武侯心中埋下了怀疑吴起的种子，对吴起不再信任。吴起知道魏武侯对自己不再信任之后，十分害怕，整日惶惶不可终日，最后被迫逃离了魏国，前往楚国。公叔痤靠离间之计成功排挤走了吴起这一对自己相位产生威胁的对手，从此，稳居相位多年，魏国的权柄牢牢地掌握在了他手中。

吴起对魏国来说堪称肱股之臣，尤其是在镇守西河、扼秦东出方面，可以说为魏国立下了不朽功勋。秦国失去河西地区之后，曾拼尽全力想要夺回，与魏国展开激烈争夺。然而，吴起镇守的西河郡固若金汤，秦国始终未能实现收复河西地区的目的。吴起离开魏国之后，秦国再次与魏国在河西地区展开争夺，经过多年的努力，终于收复了河西失地，吴起为魏国筑造的战略前沿阵地就这么丢失了，而当初将吴起排挤走的公叔痤也成了秦军的俘虏。历史是公正的，不知道沦为秦国阶下囚的公叔痤在回想自己当初的所作所为时，是否产生过一丝悔意呢?

器量狭小的公叔痤一生也没有摆脱自己对于相位的眷恋，直到垂暮之年，躺在病床上行将就木的公叔痤向魏惠王推荐了自己的门客卫国公族公孙鞅。公孙鞅又名商鞅。正所谓：人之将死，其言也善。公叔痤临终前向魏惠王推荐公孙鞅接替自己，可以看出他对公孙鞅的才能是十分认可的。然而，在公叔痤生病之前的很长一段时间里，其并没有向魏惠王推荐过公孙鞅，或者有意识地将公孙鞅培养为自己的接班人，导致魏惠王对公孙鞅根本没有印象，其才能到底如何，也未曾展现过，魏惠王能放心地将国家的大政交给这样一个自己未曾听说过的年轻人吗？因此，从根本上来说，公叔痤有识人之明，但是缺乏容人、用人之量。之前之所以未向魏惠王举荐公孙鞅，很大程度上有怕其威胁自己相位的考量。公叔痤一生因过于眷恋自己的相位，错过了两位本属于魏国的栋梁，这也为魏国埋下了巨大的隐患。

西河郡守吴起的离去，直接导致魏国河西屏障的崩溃，而公孙鞅的离去，后果则更为严重。公孙鞅前往秦国投奔秦孝公，在秦孝公支持下进行著名的商鞅变法，使得秦国国富兵强，最终成功从魏国手中将河西地区收复，并不断地东出蚕食魏国的土地，使得魏国陷入严重的危机之中，甚至被迫将国都迁往离秦较远的大梁。秦国东出通道的畅通和战略前沿阵地的建立，为其东出争霸进而统一天下奠定了坚实的基础。反观魏国，却在秦国的不断打击下日益衰落，最终落得个灭国的下场。一代权相公叔痤用自己的相位赌上了魏国整个国家的国运，孰得孰失，只能交给历史去评判了！

为楚变法

战国初期，楚国的国君是著名的楚惠王。因楚国强敌吴国被越国所削弱，已经无力与楚争霸，楚国外部环境出现积极变化，长期受累于吴国的局面宣告结束。楚惠王是一位贤能的君主，坚持定国安邦、伺机发展的方针，在对外扩张中取得了重大进展。楚惠王十六年（前473年），吴国被越国所灭。越国国君勾践开始称霸诸侯，为了争取楚国的支持，越国主动将淮上地还给楚国。淮上地的获得有利于楚国进一步东向扩张。与此同时，楚国主动与秦国交好，保持良好的关系。楚惠王四十四年（前445年），楚国出兵灭掉小国杞国，将国土东扩至泗水之上，占领了江淮以北的大片土地。在楚惠王的辛苦经营下，楚国趁战国初期各国内乱频仍、无暇外顾的有利时机，西边与秦国交好，东边积极开疆拓土，使楚国重新步入强国之列，楚惠王也成为战国七雄之一。

公元前401年，楚悼王立。楚悼王，芈姓，熊氏，名疑（一作类），楚声王之子。楚声王被“盗”所杀后，熊疑继承王位，为楚悼王。楚国当时面临的形势可谓是内忧外患。

外患方面，虽然三家分晋后，魏、赵、韩实力不如原来强大的晋国，但是一如既往地将楚国作为中原地区的主要威胁。为此，三晋多次联合起来讨伐楚国，主要的目的是削弱楚国的右翼，以此来减轻楚国左翼对三晋地区的威胁。楚悼王二年（前400年），三晋联军于乘丘（今山东巨野西南）大败楚军。楚悼王九年（前393年），楚国发兵攻打毗邻的韩国，夺取了负黍（今河南登封西南）。为了报复楚国，楚悼王十一年（前391年），魏、赵、韩三国联军讨伐楚国，在大梁（今河南开封西北）、榆关（今河南新郑东北）两地大败楚军，并夺取了这两处重要的战略基地。当年楚国辛辛苦苦占领的郑国大梁等地反而被魏国夺去，楚国被三晋联军打得毫无还手之力。楚悼王被迫派使者携带厚礼向秦国求助，请求秦国东出牵制三晋，减轻楚国北方地区的压力。接受厚礼的秦国出兵攻打韩国，占领了六邑，三晋转而将矛头对准了秦国，楚国才获得了喘息之机。魏、赵、韩三国见楚国与秦国结盟，便拉拢东边的齐国加入三晋联盟，共同对付秦楚联盟，两大阵营之间的矛盾更趋尖锐。

内忧方面，屈、景、昭三大贵族都是芈姓，都是楚国王族，本支为熊氏，后另分为屈、昭、景三氏。其中屈姓是以邑为氏，从春秋到战国一直都是显族。景、昭二姓则是以谥为氏，在战国时期是显赫的贵族。当时楚国的屈、景、昭三家大贵族掌握了朝政大权，为了本族的利益不断欺压鱼肉百姓，导致政治腐败、朝政混乱，国内矛盾尖锐，但在楚国真正遭遇外来入侵时却束手无策。

面对内忧外患，楚悼王急迫地想寻求变革，摆脱困境，带领楚国重建霸业。正当此时，被魏国国相公叔痤排挤的吴起离开魏国来到了楚国，可谓是天降“神将”。吴起在魏国战功赫赫，政绩卓著，在各诸侯国都颇有名气。吴起一到楚国之后，与楚悼王一拍即合，受到了重用。起初，鉴于魏国、韩国对楚国北部造成的巨大压力，楚悼王任命吴起为宛邑（今河南南阳）郡守，防守边境，取得良好成效。一年后，吴起被楚悼王任命为令尹，主持楚国的变法事宜。令尹是楚国的最高官衔，其执掌一国之国柄，身处上位，以率下民，对内主持国事，对外指挥战争，总揽军政大权于一身，可以说是位高权重，一人之下，万人之上。令尹历来都是由楚国贵族中的贤能之人担任。楚悼王将外姓之人吴起任命为令尹，可见对吴起的信任和期待无以复加。为了对吴起的变法给予坚决支持，楚悼王在朝堂之上向群臣宣布：“令尹的命令就是我的命令，如果有人敢违抗，杀无赦。”

被公孙痤排挤逃出魏国的吴起来到楚国后，受到了楚悼王的高度赏识，坐上了自己梦寐以求的相位，为此，吴起十分感激楚悼王的知遇之恩，决心施展雄心抱负，通过变法使得楚国变得富强，以报答楚悼王的信任。吴起在楚国的变法可以概括为以下四个方面：

一是削减贵族特权。针对不同的贵族，吴起采取了“损”“收”“平”等不同的策略。“损”即“罢无能、废无用、损不急之官”，将各级官府中的冗官予以淘汰；“收”即“使封君子孙三世而收其爵禄”，也就是在第四代的时候要将封君的封号和领地收归国家，不能再世代享用；“平”即“平其制禄”，也就是减少现任官员的收入和权益，防止其无功受禄和巧取豪夺。吴起的这一系列改革措施，有力地削弱了奴隶主贵族的权益，将权力进一步集中于国君手中，顺应了当时封建地主阶级的发展要求。然而，吴起作为一个外姓之人，在贵族势力根深蒂固的楚国进行如此大规模的改革，势必会极大地触动利益既得者的“奶酪”，必然会招致强烈的反对，即使贵族迫于楚悼王的威权不敢发作，但是有朝一日失去了楚悼王这一后盾，吴起及其变法也就面临生死攸关之境。

二是大力整顿吏治。这一举措主要是精简机构、裁汰冗员。吴起通过对官府机构进行整合，合并相同相近职能，将非必要的官职全部削除。为了肃正官场风气，吴起对不正之风进行了打击，“塞私门之请，一楚国之俗”，将通过私请、托请等贿赂手段获得官职的门路予以堵塞，同时下令禁止朝廷官员结党营私，勉励百官奉公守法。为了刷新吏治，吴起起用了一些颇具才能的有识之士，进一步提高官府机构的行政效率。

三是积极开发边地。为了促进边远地区的开发，吴起下令将失去爵禄的贵族迁往地广人稀地区，特别是楚国的南方地区。这些贵族往往人丁兴旺、户口众多，对于边远地区的开发发挥了重要作用。边远地区土地的开垦，增加了楚国的粮食储备，贵族腾出的土地被分给普通无地、少地农民，缓和了楚国内部的阶级矛盾。

四是改革军事制度。在政治、经济改革的基础上，吴起进行了一系列的军事改革。吴起深知楚悼王的雄心抱负，建议悼王“砥励甲兵，以时争利于天下”，也就是建立一支强大的军队，等待时机成熟的时候，与诸侯争利争霸。吴起在总结魏国军事改革经验的基础上，将撰写的兵书《吴子兵法》中的兵学智慧在楚国进一步完善运用，在军事上取得了突出的成绩，楚国的军力日益上升，为其扩张奠定了坚实的军事基础。

吴起在楚国的变法取得了明显成效，楚国政治日益清明，经济日益繁荣，军力日益强大，成为当时各诸侯国中的强国。接下来，楚军在吴起的带领下，开启了攻城略地的扩张步伐。楚国首先攻打了位于洞庭湖、苍梧一带的百越，使楚国南部的领土扩张到今湖南和广西交界一带。

魏、赵、韩三国对楚国北部的威胁最大，尤其是魏国，始终对楚国虎视眈眈，在之前的战争中多次侵占楚国北方的领土。因此，魏国始终是楚悼王的心腹大患，如果不把魏国夺去的土地收复回来，楚悼王寝食难安。楚悼王在国力强盛之后，多次想要攻打魏国，都被吴起以时机未到而阻止。魏、赵、韩三国多次联合对外作战，然而，赵国因为地理位置的关系，在战后未能获得多少领土。

公元前 386 年，赵敬侯将赵国都城从中牟（今河南鹤壁）迁到邯郸，为赵国实行北进战略奠定了坚实基础。为了巩固邯郸的国都地位，赵敬侯开启了对卫国、魏国的一系列扩张战争。公元前 383 年，赵国开始向卫国发起进攻，赵军取得巨大胜利，占领了卫国东野的土地，并包围了卫国的都城濮阳。为了攻破卫都，赵军采取著名的“蚁附之术”，将濮阳的两个城门攻破。卫国是魏国的属国，陷入危机之中的卫慎公赶忙派使者向魏国求救。魏武侯收到卫国求救的消息后，亲自率兵出击，在兔台（今河南清丰西南）与赵军展开大战，赵军战败。此次魏赵大战，是三家分晋后三晋内部发生的第一次大战，标志着三晋内部联盟的瓦解。公元前 382 年，赵敬侯不满魏国插手赵国的对外扩张，决定再次攻打卫国。为了做好作战准备，赵国在卫国都城濮阳北面筑刚平城（今河南内黄、清丰之间），作为进攻卫都的前线基地。为了应对赵国的进攻，魏武侯派使者与齐国结盟，联合齐侯共同抵挡赵军。卫慎公得到了魏、齐两国的帮助，便主动出击攻打赵军修筑的刚平城，一路反击，一直攻打到赵国的中牟（今河南鹤壁西），赵国丢失了河东的大片土地。处于险境的赵敬侯选择向楚国求救，请求与其结盟，共同对抗魏、齐、卫三国联盟。

楚悼王收到赵国求救的消息后，便召集大臣商议。部分大臣认为这是三晋内部的事情，楚国无须参与，只需坐山观虎斗即可，如果必须要出兵，也可以派出一部分兵力观望双方的形势，如果赵国快要取得胜利，就出兵帮赵国一把，如果魏国快要取得胜利，鉴于魏国军力强大，楚军把派出去的兵力撤回来就可以了，不要跟魏国去硬拼。吴起不同意这一主张，他认为这是战胜强敌魏国的绝佳机会。如果楚国不援助赵国，魏国战胜赵国之后，在中原地区的实力和威望都会大增，对楚国会产生更大的威胁。如今楚国出兵援助赵国，表面上看是援助赵国，实质上也对楚国自己有利。与赵交好，可以利用赵国牵制魏国，使其不敢轻易侵犯楚国。如今的楚军完全具备战胜魏军的能力，况且还有赵军的帮助，一定会战胜魏国。有些大臣认为吴起小瞧了强大的魏军，而且魏国还有齐国和卫国联盟，力量不容小觑。吴起信心满满地说：“齐、卫不会为了魏国拼命的，况且他们的军力并不强大，一旦我们战胜魏国，齐、卫两国自然会退兵。”

公元前381年，楚悼王任命吴起为主将，统率楚军援助赵国。吴起对当时的形势进行了分析，因楚国距离赵国较远，如果直奔赵国，楚军长途跋涉，舟车劳顿，魏军以逸待劳，不利于楚军作战。魏国大举攻赵，魏军主力外出，国内防守必然空虚。如果楚军直接攻打魏国最薄弱的地方，为了防止国内有失，魏军自然回救，赵国之困自然迎刃而解。楚军的前锋深入魏地，越过黄河，与魏军大战于州邑西（今河南温县），魏军大败。随后，楚军穿越魏国大梁城西北关塞梁门（位于大梁西北的关塞），驻军梁门北边林中（位于梁门以北），切断魏国河内郡与首都安邑（今山西夏县西北）的联系，魏国局势十分危急。赵国见楚国派出援兵大举攻魏，乘机反攻，夺取魏国黄河以北之地，攻下棘蒲城（今河北魏县南），并南下攻克黄城（今河南内黄西）。楚军此次北上作战，兵锋所指，所向披靡，一路横扫中原，势不可挡，充分验证了吴起变法的良好成效。楚国不但在诸侯中树立了威望，而且收复了北方被魏国夺去的陈、蔡等地的领土，还进一步开拓了疆土。此外，楚国对赵国援助，交好了日益强盛的赵国，彻底瓦解了魏、赵、韩三晋联盟，并对魏国进行了有效牵制，使得魏国不敢再轻易讨伐楚国。

楚军在吴起变法之后首次北上出征，楚悼王对楚军寄予了厚望。

吴起及其率领的楚军没有让楚悼王失望，一路旗开得胜，无往不胜，捷报频传至郢都，楚悼王一扫当年被三晋打压的苦闷，扬眉吐气，实现了多年的夙愿。然而，天有不测风云，也许是成功的喜悦让楚悼王过于兴奋，也许是感觉自己大愿已遂、了无牵挂，楚悼王突然病逝。楚悼王是吴起最坚强的后盾，楚悼王的去世让吴起大为吃惊，只能匆忙率兵赶回郢都，料理楚悼王的后事。然而，吴起没有想到的是，一场针对他本人的阴谋正在楚宫之中酝酿。旧贵族屈宜臼、阳城君等人认为，楚悼王已死，吴起失去了靠山，是时候将吴起推倒，重新找回当年的贵族荣耀。他们趁着到王宫悼念悼王之机，丧心病狂地向吴起发起突然袭击。因事发突然，吴起深知自己性命难保，难逃一死，急中生智，一边大喊“群臣乱王”，一边伏在楚悼王的尸体上。已经杀红了眼的旧贵族们疯狂地射杀吴起，以消心头之恨，乱箭将吴起射死，同时也射中了楚悼王的尸体。

楚悼王的太子熊臧即位，是为楚肃王。按照楚国的法令，凡用兵器触到国君尸体的，一律处死，并罪及三族。楚肃王发布命令，将射杀吴起的贵族们全部抓捕归案，依法惩处。除旭城君逃走外，其余七十多家旧贵族被一网打尽。《吕氏春秋·贵卒》将吴起临死之前的做法称为“吴起之智”，可谓一语中的。一生以变法图强为己任的吴起，眼见自己的生命要走到尽头之时，以“伏王尸”的方法拉楚国旧贵族给自己陪葬，以最后的余力为楚国的富强扫清障碍、减轻阻力，可谓鞠躬尽瘁死而后已，可歌可泣，令人钦佩！